Christoph Dieckmann
Die Zeit stand still, die Lebensuhren liefen

W0089468

Christoph Dieckmann

Die Zeit stand still, die Lebensuhren liefen

Geschichten aus der deutschen Murkelei

Ch. Links Verlag
Berlin

Fotonachweis:
Privat: Titelfoto
Archiv Dieckmann: S. 82, 83
George Whiteside: S. 153
Peter Figau: S. 158
Carl Friedman: S. 168
Christoph Dieckmann: S. 174

Die Deutsche Bibliothek – CIP-Einheitsaufnahme

Dieckmann, Christoph:
Die Zeit stand still, die Lebensuhren liefen : Geschichten aus der
deutschen Murkelei / Christoph Dieckmann. – 1. Aufl. – Berlin :
Links, 1993
ISBN 3–86153–057–0

1. Auflage, September 1993
© Christoph Links Verlag – LinksDruck GmbH
Zehdenicker Straße 1, 10119 Berlin, Telefon: (030) 281 61 71
Reihenentwurf: TriDesign, Berlin
Satz: LVD GmbH, Berlin
Schrift: New Century Schoolbook
Druck- und Bindearbeiten: Wagner GmbH, Nördlingen
ISBN: 3-86153-057-0

Inhaltsverzeichnis

Paster
Eine Herkunft

»Paster! Paster!« Einen Stein aufklauben, hinrennen, den Schreier packen und ihm über den Schädel schlagen, daß er stürzt und Blut strömt, bis der jähe Zorn versiegt. *Der* ruft dich nicht mehr Paster! *Der* kennt künftig deinen Namen!

Nichts wirst du tun. Sie sind zu viele. Fast alle im Dorf rufen sie's, dann sogar Eberhard, der beste Freund. Im Streit fiel ihm deine wunde Stelle ein: »Du blöder Paster!« Halt an dich. Schlag ihn klüger. Der ist nicht du.

Du bist nicht die. *Die* kennen sich schon alle aus dem Kindergarten. *Die* lesen keine Bücher. *Die* haben Fernsehen. *Die* sind so praktisch, rasch und ..., heute weißt du's: weltgewandt. Du bist anders. Kein Triumph. Sehnsucht, zur Mehrheit zu gehören. Du hast nicht mitgehetzt, nicht mitgeprügelt, nicht Schmiere gestanden, als die bösen Buben der Klasse Peter Heerdt überfielen, weil Peter *doof* war und im Sport *eine Flasche* und *immer alles versaute.* Aber du kanntest den Plan und hießest ihn gut, aus Stolz, denn du warst eingeweiht, aus Glück, denn es traf einen anderen. Sie lauerten ihm auf zwischen Badergasse und Schmiede, auf dem Rückweg vom Sport. Sie droschen auf ihn ein, bis er bewußtlos liegenblieb. Ein Bauer fand ihn, sonst wäre er gestorben. Peter war schwer leberkrank.

Es ging auf Weihnachten. Fangfrage im Fach Heimatkunde: Warum feiern wir dieses Fest? Naaa, Christoph? Vorfreudiges Schweigen: Was macht der Paster jetzt? Dreiundzwanzig Kameraden, fünf aus christlichem Haus, gierten, ob Jesus oder Ulbricht siegte. »Weil wir stolz sind, daß wir im vergangenen Jahr soviel geschafft haben.« – »Richtig«, sprach die Lehrerin, ihres

7

dummen Sieges nicht ganz froh. Ich schlich heim in Schande und Scham: Petrus nach der Judastat. *Und es trat zu ihm eine Magd und sprach: Und du warst auch mit dem Jesus von Nazareth. Er leugnete aber vor ihnen allen und sprach: Ich weiß nicht, was du sagst. Ich kenne den Menschen nicht. Und alsbald, da er noch redete, krähte der Hahn. Und der Herr wandte sich um und sah Petrus an. Und Petrus gedachte an des Herrn Wort, wie er zu ihm gesagt hatte: Ehe der Hahn heute kräht, wirst du mich dreimal verleugnen. Und Petrus ging hinaus und weinte bitterlich.*

Die Eltern taten ihr Mögliches, die Grenze zwischen uns und den *Weltkindern* offen zu halten. Was zuviel war, war zuviel. Zur *Maidemonstration* ging man eben nicht. Die Lampion- und Fackelzüge am *Vorabend des internationalen Kampftages der Arbeiterklasse* standen uns frei. Die *Pionierorganisation Ernst Thälmann* war tabu, obwohl ich heulte, als jeder das blaue Halstuch bekam, nur ich nicht. *Frösi*, das »Pioniermagazin für Jungen und Mädchen«, wurde abonniert, kindgemäß durchmischten Inhalts wegen, ebenso *Atze* und *Mosaik*, das einzige Comic-Heft der DDR. Vor den *Pioniernachmittagen* fragte der Vater, was geboten werde. Gab's Schnitzeljagd, Sport oder Wandern, dann durfte ich hin. Partisanenfilme und Besuche bei den Grenzsoldaten fanden ohne mich statt.

»Christoph gehört nicht dem Pionierverband an«, vermerkt das Zeugnis der dritten Klasse. »Er fügte sich immer dem Kollektiv und stand nie abseits, wenn es ging, gemeinsam zu schaffen.« Ich danke meinen Eltern wie den meisten Lehrern, daß sie den Kampf der Ideologien nicht über ein Kind austrugen. Der Christenlehre-Unterricht war selbstredend streng getrennt vom staatlichen Schulsystem. In den fünfziger Jahren hatte die evangelische Kirche im Streit um die Konfirmation die Machtprobe mit dem Staat gewagt und verloren, weil die große Mehrheit der DDR-Gewohnheitschristen die atheistische Jugendweihe als Initiations-Ritual akzeptierte. Die Kirche gab sich dem landesüblichen Opportunismus geschlagen. Entweder – oder, das war nicht durchzuhalten. Fortan konnten auch Jugendgeweihte kirchlichen Segen erlangen, nach einem zusätzlichen Jahr Konfirmandenunterricht.

Den erteilte Vater. Die Kirche, das war er. Kraft und Größe gingen von ihm aus, wenn ich sah, wie die ärgsten Rowdies von Dingelstedt folgsam in den Gemeinderaum trabten, seiner Weisung zu lauschen. Erst später, selbst in seinem Unterricht, merkte ich, wie schwer ihm der Umgang mit diesen ländlichen Lümmeln fiel. Er *brüllte* (»Hörstejetztendlichmalzu!«), er schmiß auch mal raus – ganz im Gegensatz zu Fräulein Helma Bosse, die als Katechetin die kleineren Engel das Fliegen lehrte. Von Jona (wir malten ihm zu Ehren einen Wal) über Jesu Einzug in Jerusalem (seither kann ich Esel zeichnen) bis hin zu Luthers heldischem Walten (Blitz und Donnerwolken über Stotternheim) verdanke ich Fräulein Bosse unverwüstliche Gemütswerte, immun gegen Agnostik und Relativität, und überdies die lichte Erfahrung christlicher Sanftmut.

Fräulein Bosse taugte einfach nicht zum Zorn, was mancher weidlich nutzte. Freund Lindemann verhielt sich nicht, während des Vaterunsers krachend zu *furzen* wie der Leibhaftige und fragte nach dem Amen: »Fräulein Bosse, riechen Sie meine Marke?« Oh über ihn! »Eberhard!« rief Helma Bosse; in heiliger Erwallung erbebte ihr Dutt. »Wenn das noch einmal vorkommt, dann gebe ich dir eine Drei!« Dies war ihr Äußerstes. Ich hatte »Betragen Eins bis Zwei«. Mutter, die Fräulein Bosse kannte, befand, ich müsse mich wohl benommen haben wie die Axt im Walde.

Es nahte der jährliche Busausflug, den die Eltern mit der Kirchgemeinde unternahmen. Wir drei Jungs blieben zurück, Fräulein Bosses Obhut anvertraut. Michael, der älteste, war pflegeleicht, da ihn nur Bücher interessierten. Wolfgang, der jüngere, mußte parieren; die Katechetin war seine Patentante. Ich riß unverzüglich aus. Das Pfarrgrundstück war riesig, ein Kinderparadies: zwei Höfe, ein gewaltiger Garten mit reichlich Urwald. Teile des Geländes hatten wir in jahrelanger Wühlarbeit unterhöhlt, um Erdburgen zu bauen, wobei ich anfangs Sorge trug, eine U-Bahn-Linie anzustechen.

Es regnete in Strömen. Ich aber saß selig unter der

Erde, trank Brause und las mit der Taschenlampe Rudolf Herzogs »Nibelungen«. *Verzerrten Gesichtes starrte Königin Brunhild auf die Eifernde.* »*Und Ihr lügt dennoch!« kreischte sie. »Einen Stärkeren als Gunther trägt nicht die Erde, denn ich habe mit ihm um mein Bett gekämpft und furchtbar seine Manneskraft verspürt!«* »Christoph!« rief es fern von oben irgendwo, »Chriiistoph!« Aha, sie suchte schon. Da konnte sie lange suchen, denn daß die Kinder Gottes sich in die Unterwelt begäben, lag jenseits von Fräulein Bosses Ahnen. Auch war die Erdburg gut getarnt. »*Siegfriedes Manneskraft habt Ihr verspürt!« jauchzte die Königin Kriemhild ihr ins Gesicht. »Siegfried warf Euch aufs Bette, bis Ihr demütig wurdet und um Gnade betteltet!« »Lügnerin!« schrie die Königin Brunhild noch einmal.* »Christoph!« schrie Fräulein Bosse noch einmal, nun allerdings bedrohlich nahe. Also still! *Da reckte die Königin Kriemhild ihr die Hand unter die Augen, an der König Nibelungs Ring stak. »Kennt Ihr diesen Ring?« frohlockte sie. »Siegfried nahm ihn Euch, seinen Verlobungsreif holte er sich wieder in der Nacht, da er Euch gebändigt an König Gunther abtrat wie ein altes Gewand!« Da brach die Königin Kriemhild ...* Da brach Fräulein Bosse durchs Gebälk. Bretter, Steine, Erde stürzten herab. Ein Bein stieß durch die Decke, gefolgt von einem schaurigen Schrei. Nie zuvor und hernach nie wieder hat Helma Bosse so geschrien. »Jetztholstdumirerstmalsofortmeinenschuhdawiederrausunddannabmitdir!« Der Schuh stak wohlbehalten im Schlamm. Ein glücklicher Tag: Burg kaputt, Brille kaputt, mit frommen Traktaten verbannt ins Fremdenzimmer, und Fräulein Bosses Rapport an die Eltern tendierte gefährlich nach »Betragen Drei«.

Wir waren wild; mit Stolz sei es gestanden. Vetter Thomas, öfters zu Besuch aus Halberstadt, wurde auf der Heimfahrt von seiner Mutter stets ermahnt: *So bitte nicht, wenn wir wieder zu Hause sind!* Thomas, das Einzelkind, nickte und litt. Wie gern hätte auch er im Zimmer Fußball gespielt (zum Schaden der Lampen), die Apfelernte in Artillerie-Gefechten zu Mus gemacht, mit Lattenschwertern dreingehauen und chinesische Teeröschen abgeholzt, weil deren Stengel, mit einer Spitze aus Holunderzweig versehen, die besten Flitzbogen-Pfeile gaben. Krieg war immer. Die Gemeindeschwester empfing regelmäßig Notrufe aus dem Kampfgebiet. Vater: »Frau Eigenwillig, entschuldigen Sie bitte die späte Störung, aber wir brauchten mal wieder dringend Ihre Hilfe.« Frau Eigenwillig wunderte sich: Sie habe mir doch erst vorgestern die Schläfe geklammert. »Hält der Verband nicht?« – »Nein, nein, diesmal ist es unser Wolfgang.« Eine Kuhglocke mit der Aufschrift »Gruß aus Kühlungsborn« hatte ich an einen Strick gebunden und um mich geschwungen, wobei Wolfgang in die Umlaufbahn geriet. Ohr und Wange nahmen kräftig Schaden. Frau Eigenwillig eilte herbei und versah auch Wolfgang mit einem Turban. Für's nächste ähnelten Pasters Söhne Kindern Mohammeds. Wolfgang war noch vital genug, zwei Tage später den Fußball durchs Doppelfenster in Vaters Arbeitszimmer zu bomben, wo leider justament eine alte Dame den Hinschied ihres Gatten anzeigte. Was folgte, war unvermeidlich: Dresche. Die ihm unbegreiflichste Tracht Prügel empfing Wolfgang, als ausgerechnet er mich »Paster!« rief – in Notwehr: Ich hatte ihm beim Versteckspiel auf den Kopf gepinkelt.

Die Eltern waren streng. Mutters impulsive Zornausbrüche verrauchten rasch. Es paßte, daß bei der einzigen mir erinnerlichen Züchtigung ihr die hölzerne Kochkelle auf meinem Hintern zerbrach. Aber Vaters Wut, falls wir nicht *hörten*, schien böse und roh. Er zerrte den Delinquenten ins Hinterzimmer und schlug mit dem Gummischlauch. Falls noch möglich, flohen wir aufs Klo und riegelten uns ein, am besten mit einem Buch, denn bis Mutter Entwarnung gab, konnten Stunden vergehen. Die Schläge wurden nachgeholt, fielen aber milder aus.

Heute sehe ich diese Exekutionen mit etwas anderen Augen. Vater neigte nicht zur Gewalt. *Beschaulichkeit* ging ihm über alles: Harz-Wanderungen, Radausflüge, Kaffeestunden im Garten stillten seinen Durst nach Harmonie. Ich sehe ihn mit Strohhut und Harke, Samstagabend zum Glockengeläut. Er hält bei der Gartenarbeit inne, legt die Harke hin, die Zinken zur Erde. Er nimmt den Hut ab und faltet die Hände. Aber sein Jähzorn setzte ihm zu. Pfarr-Herr sollte er sein, ständige Autorität. »Der Vati wußte sich manchmal keinen Rat mehr mit euch«, sagte Mutter später. »Er war hinterher immer selbst ganz verzweifelt. Er hatte euch doch so lieb. Und denk mal, wie *wir* erzogen wurden.«

Pasters Kinder, Müllers Vieh ... Das seltsame Wesen vieler Pfarrerskinder ist ein Druckschaden, entstanden unter der Last, im Pfarrhaus jenes heile Leben vorzumachen, das *die Welt* nicht zustande bringt. Mutter war bereits »pfarrhausgeschädigt«, als Tochter eines Landpastors aus Stresow in Westpreußen (heute Strzeszow und polnisch), wo man sie übrigens »Preesters Anni!« rief, was beweist, daß »Paster!« kein Schmähruf des DDR-Atheismus gewesen ist. Bevor sie etwa bei Krämer Schumann ein Bonbon geschenkt bekam, war ein Gesang aufzuführen: *Anneliese Lietzau wollte sich was kaufen, hatte sich verlaufen, setzte sich ins grüne Gras, pinkelt sich die Hosen naß.*

Nach dem Kriege brachte es ihr Vater zum Superintendenten von Perleberg in der Prignitz, worauf er sich Großes zugute hielt. »Vox populi vox Rindvieh«, pflegte er zu sagen, »die Menschen sind Kühe«. Bruno Lietzau, erprobt als bekennender Hitler-Feind, war gewiß nicht ohne hagestolze Güte, aber eisern streng. Gnadenlos hieb er zu, als ihn mein Ballspiel im Mittagsschlaf störte. Warum fielen ihm die Eltern nicht in den Arm? Sie wagten es nicht. Mutter hatte, schon weit über Zwanzig, von ihm die ständige Drohung gehört: »Wenn du mir mit einem Kind nach Hause kommst, dann schmeiße ich dich raus!« Männliche Post prüfte er vor: »Du hast einen Brief von soundso, er schreibt dir dasunddas.« Ein harmloser Verehrer wurde heimlich abserviert, durch Einbehalt der Briefe.

Alle drei Lietzau-Töchter haben Pastoren geheiratet, wobei mein Vater, ein zaundünner Studiosus der Theologie, zunächst als ungenehm betrachtet wurde. Er machte nichts her. Seine Familie war *gewöhnlich*, ein schlimmes Verdikt, zumal auch die kirchliche Tönung

12

des Hauses Dieckmann zu Halberstadt bedenkliche Flek-
ken zeigte. Nicht bei Mutter Marie-Luise; die war Jo-
hanniterschwester gewesen und eine fromme Seele von
Mensch. Aber Wilhelm Dieckmann, ihr Gatte, ging bestenfalls für *gottgläubig* durch. Als Flieger war er gegen
Ende des ersten Weltkriegs ganz in der Nähe des Cottbuser Krankenhauses abgestürzt, in dem Großmutter
Dienst tat. Man trug den ramponierten Helden herein.
Marie-Luise Nagel wußte sofort: Der oder keiner!

Sie hatte manchmal hart zu ringen mit dem national-
romantischen Mann, der im Garten Bunker und Burg-
ruinen baute und sich bei häuslichem Krach mit der
Klampfe in seine SA-Kneipe verzog. Sie hielt das Haus
in Schuß, er besang deutsches Fühlen und Trachten:
*In des Huywalds finstren Gründen / auf naturverschlung-
nem Pfad / hauste einst der Räuber Heising / der allhier
grassieret hat.* Pietistisch wurde Vater also nicht erzogen. 1920 geboren, wollte er eigentlich Chemie studieren.
Mit zwanzig mußte er in den Krieg, als Funker nach
Frankreich und Italien. Vor der Ostfront bewahrte ihn
ein alter Ohrenarzt, der, als die Vater eigentlich bestimmte Kompanie abrückte, ihm noch rasch die Man-
deln herausnahm.

Der erste tote Mensch, den Vater sah, war Jahre
nach dem Krieg in Stuttgart ein kleines Mädchen, das
überfahren worden war. Abends, beim Ausziehen und
Waschen, mußte Vater oft *vom Krieg* erzählen, von fernen, wundersamen Stätten, die Amboise und Verona
hießen, Arcachon, Nevers an der Loire, Marostica, Gen-
zano bei Rom. Krieg machte keine Angst. Vater war
ja rein geblieben, unbefleckt von Blut, woran mir unendlich lag. Er selbst nannte sich behütet. Er zählt
zu jener Nachkriegs-Theologengeneration Barthscher
und Barmer Prägung, der sich im Christ-Sein ein Ret-
tungsanker bot. Weit mehr als Akademiker waren sie
Gläubige. Man findet Parallelen zur anderen großen
Religion, die das Nazi-Reich im Martyrium überstand.
In Bonn besuchte ich Hans Modrow, wo er ziemlich
einsam, ziemlich bitter in seinem Abgeordneten-Büro
saß, Bonn-Center, achter Stock; auf dem Dach kreiste
der Mercedes-Stern. Modrows Geschichte vom jungen

Wehrmachts-Soldaten, von Irrtum, Bewahrung und Heimkehr klang der meines Vaters sehr verwandt. Das fand auch Vater, als ich ihm das Band vorspielte. »Vor Hans Modrow habe ich Respekt«, sagte er, »der hat den friedlichen Übergang möglich gemacht.«

Anders als Modrow schwor er *den* Ideologien in toto und auf immer ab. Christlicher Glaube ist ja nach Barth das Gegenteil von Ideologie, sofern er sich nicht in menschliche Macht verkehrt. Daß Macht obszön sei, war vielen christlichen Oppositionellen in der DDR von Kindheit an vertraut. Das innere Nein zum weltlichen Regnum bewahrte die Seele – und stärkte *das System*? Die Kirche forderte nie. Sie bat. Der zeitig eingetrichterte Respekt vor staatlicher Obrigkeit blieb Vater erhalten. »Ich rede dein Zeugnis vor Königen und schäme mich nicht« – dieses Psalm- und Leitwort der Confessio Augustana taugte ihm nicht als Panier. Er war kein Luther in Worms, aber fest auf scheue Art. Er traute auf Gottes Führung durch Menschen guten Willens. Zu Sozialismus-Phrasen hätte er sich nie hergegeben. Im Dorf galt er als *scharf*, das heißt: staatskritisch.

Am Nachmittag des 6. April 1968, dem Tag des Referendums über die neue DDR-Verfassung, unterbrach Besuch das sonntägliche Kaffeetrinken unter der großen Eiche. Die *fliegende Wahlurne* segelte herbei, flankiert von zwei sichtlich verschüchterten Damen aus der Bürgermeisterei. Guten Tach, Herr Paster! Herr Paster bot Kaffee an, doch darum ging es nicht. Das ganze Dorf habe schon *vom Wahlrecht Gebrauch gemacht*, nur von Herrn und Frau Paster fehlten noch die Stimmen. Man wolle schließen; es sei doch schon halb vier. Auf stand Vater. »Sie haben bis achtzehn Uhr geöffnet«, sprach er, die Würde des Rechts, »so stand es in der *Volksstimme*.« Sie zogen ab. Zwei Stunden darauf begaben sich die Eltern ins *Wahllokal* und stimmten mit Nein, weil die neue Verfassung kirchliche Rechte beschnitt.

Vater Ethos war sein Amt. Selbstredend wurde auch Mutter das Glück des Dienens auferlegt. Gewerbe-Lehrerin, wie studiert, konnte sie nicht bleiben. Sie fügte

14

sich, nicht klaglos zwar, und hielt meinem Vater *den Rücken frei*; er lehnte sich öfters auf ihren. Sie *machte und tat* und wirbelte von früh bis spät durch das riesige Haus (im Winter ein Eispalast); sie kochte, putzte, wusch und weckte ein und hungerte nach etwas, das sie Anerkennung nannte. »Ich bin kaputt«, ihr stehender Satz am Abend, wenn sie beim Bügeln oder Strümpfestopfen wieder eingeschlafen war.

Wie viele Pfarrfrauen sind so ohne Lohn und Dank verschlissen worden. *Selbstverwirklichung*, diese hedonistische Tugend, war nicht das Gebaren der fünfziger, sechziger Jahre. Man sah, wie man zurande kam mit vier Kindern und dem bißchen Geld. Selbstverständlich wurden die paar hundert Westmark *Bruderhilfe*, die es seit etwa 1965 gab, für »was Praktisches« ausgegeben, Wolldecken beispielsweise. Welcher Stolz über das erste UKW-Radio, ein mächtiges hölzernes Trumm. Und dann begann das Raumfahrt-Zeitalter: Beim Eisenwarenhändler Eberhard Bröse erwarben die Eltern den Plattenspieler »Soletta«, Edelmarke im Koffer, grauweinrot mit Kunstleder bespannt. Bröse gab noch gratis eine Platte drein: Udo Jürgens, »Siebzehn Jahr, blondes Haar«.

Fernsehen? Hatten wir nicht. Aber Tante Schniefler hatte. Unvergeßliches wie »Spiel ohne Grenzen« und »Rauchende Colts« erlebten wir bei der alten Dame, die oben im Pfarrhaus eine muffige Kemenate bewohnte. Schüsse peitschten durchs ganze Haus, wenn Matt Dillon zum Hüfteisen griff, denn Frieda Schniefler war so gut wie taub. Dank dieser Disposition ließ sich auch die Fußballweltmeisterschaft 1966 verfolgen: barfuß im Nachthemd vor Tante Schnieflers Tür. Der Himmel weiß, was die alte Dame am Fußball fand, aber ich war neuerdings verrückt danach.

An einem Sonntag des Jahres 1965 – die Eltern hielten Mittagsschlaf – zerriß die dörfliche Stille ein außerirdisches Geschrei. Ich lief ihm nach, landete am Sportplatz und sah das erste Fußballspiel meines Lebens. Titanisch! Die Offenbarung! Traktor Dingelstedt spielte gegen Traktor Ausleben, von Hunderten Bauern nach vorn gebrüllt, weshalb ich instinktiv Partei für Ausleben ergriff, als stritten dort elf einsame Pastorensöhne wie ich gegen die böse Majorität. Ausleben gewann 2:1, was mir die Illusion eingab, Fußball sei eine Liebe, die glücklich macht. Ich rannte heim und gründete zur selbigen Stunde das Wochenblatt *Der Fußballer*, das es immerhin auf über siebzig Ausgaben brachte und auf elf Abonnenten, darunter Frieda Schniefler. Auch um ihre Augen stand es nicht zum besten.

Die Eltern waren vom Donner gerührt und hielten mich für aus der Art geschlagen, zumal ich unverzüglich selbst zu spielen begann, und zwar Torwart. Fortan waren Knie und Ellenbogen bandagiert mit großen, eiterdurchsuppten Pflastern, denn ich schmiß mich auf den Schlackeplatz, als gelte es das Leben. Fußball: der Schlüssel zur profanen Welt. Die Jungs des Dorfes kamen auf unseren Hof. Fortan war's vorbei mit Vaters Ruhe bei der Predigtmeditation. Wumm! Wumm! Wumm! krachte das Leder ans Scheunentor. Dann sollte der Traum sich erfüllen. Die Schülermannschaft wollte mich als Keeper. Vater sagte Nein. »Wann spielen die? Sonntagvormittag? Da ist Kindergottesdienst.«

Scheiß-Kirche, das sagten wir nie. Aber oft schien uns, wir kämen zu kurz – auch, weil Pfarrhaus in der DDR stand für: wenig Geld. Manchmal tat das weh; Kinder vergleichen ja. »Die Kinder leider sehr undankbar und anspruchsvoll«, schrieb Vater nach einer Weihnachtsbescherung in sein Tagebuch. Wir wurden eben anders entgolten als »die Kinder, die nicht zur Kirche gehören«, wie Mutter überlegen sagte. »Andere müssen sich am Sonntagnachmittag auf der Straße herumtreiben.« Da spielten die Eltern mit uns, wanderten und fuhren Rad. Abends im Bett wurden Geschichten erzählt, aus der Bibel, von »Peterchens Mondfahrt« oder – besonders beliebt – *von früher*, der minder behüteten Zeit. Gebet, Gesang und Gute Nacht. *Breit aus die Flügel beide, o Jesu meine Freude, und nimm dein Küchlein ein. Will Satan mich verschlingen, so laß die Englein singen: Dies Kind soll unverletzet sein.* Vom Kirchturm schlug die Glocke neun.

Dann stürzte alles ein. Eines Abends im Frühsommer 1968, wir löffelten fröhlich Erdbeeren mit Milch, er-

16

klärten die Eltern, im Herbst zögen wir um. Waaas? Warum? Wohin? Was wird aus Muck, meinem Kater? »Der kommt natürlich mit.« Von Stund an war Abschied – von Haus und Hof, Akazie, Steinbank und Regenbassin, von allen Kameraden, von Plätzen, Wegen, Kirschplantagen, von Windmühlen und Leiterwagen, vom Friedhof, den ich oft durchstreifte, um das Alter der Toten zu errechnen, seit eine rätselhafte Selbstmordwelle durchs Dorf gegangen war. Ein Tod auch dies. Nie mehr zur Dingelstedter Schule, lautlosen Schritts im Neuschnee, und am Platz der Freundschaft glänzte der Weihnachtsbaum. Nie mehr die Klingel hören und wie die Flurtür ins Schloß fällt, die Kellertür, die Bodentür. Nur der Essensgong kam mit, ein transportabler Klang. Und Muck, der Streuner. Kurz bevor der Möbelwagen fuhr, tauchte er endlich auf. Ich griff ihn und sperrte ihn in die Kiste. Er fauchte, ich heulte vor Erleichterung.

Und vor Trauer, noch Monate nach der Vertreibung aus dem Paradies. Mutter war ganz fertig und sagte: »Hätten wir gewußt, daß es euch so mitnimmt ...« Heimat ist Selbstvergessenheit. Man kann sich an Fremde gewöhnen, erst schutzbefohlen wie auf See, dann unmerklich Land ergreifend. Doch der zweiten Liebe traut man keine erste zu.

Was mir als erstes auffiel in Sangerhausen: Die Stadtbengels waren wesentlich frühreifer als die der Dingelstedter Klasse 7, wo es noch als *memmenhaft* galt, sich mit Mädchen abzugeben. Nie hätte ich Angelika Reps mein zartes Träumen gestanden. Hier aber wurde beknuddelt, begrapscht und gezotet, daß man von einem Ohr auf's andere fiel. Und – täuschte das? – den Mädchen war's ein juchzendes Vergnügen. O Hannelore Gretzki, o Hanna Bützner, o Heidrun Wäldchen mit den Rundstrickhosen! Monika Reinsch tat ein übriges und kriegte mit vierzehn ein Kind. Um die geliebten *Mosaik*-Hefte einzutauschen, galten Matchbox-Autos hier als keine Währung mehr. Beatgruppen-Fotos mußten es sein oder, besser, Porno-Bilder.

Ich beschaffte sie. Als Mutter die außerordentlichen

Motive erspähte, mitten auf dem Rauchtischchen neben der *Frohen Botschaft*, da blieb sie unerwartet zahm, empfahl allerdings zügigen Weiterhandel. Wie die meisten Pfarrhäuser brannte auch unseres nicht vor Eros. Undenkbar für die Eltern, mit den Kindern nackt zu baden. Immerhin, aufgeklärt wurden wir zeitig, nachdem Michael auf Klassenfahrt zum Weihnachtsmärchen in Halberstadt gewesen war. Er kam heim, weniger erglüht von Humperdincks »Hänsel und Gretel« als von einem Libretto, das er im Volkstheater auf dem Klo gelesen hatte: *Ficken, ficken, Geldverdienen, dann gibt's wieder Appelsinen.*

Appelsinen waren bekannt. »Was ist ficken?« fragte er beim Mittagessen. Oh! Vater, Mutter blickten stumm auf dem ganzen Tisch herum. Vater ergriff die Flucht nach vorn und schob uns ins Fremdenzimmer – erst Micha, dann Wolfgang und mich. Erstens: Hahn und Henne. Zweitens: Wenn ein Mann und eine Frau sich seeehr liebhaben. Nie, wußte ich, tust du DAS!

Im Anfang war das Wort. Alles in Sprache zu verwandeln: ein Mysterium, das die Weltkinder nicht kannten, sowenig wie die Lebensangst dahinter. *In sexualibus* flog dieser Zauber auf. Jedenfalls war klar, daß man, bevor DAS passieren könnte, die elterliche Welt verlassen müßte.

Bis zum Ende der zehnten Klasse wuchs sich das Brodeln und Gären zu einem gewaltigen Haarschopf aus, dem längsten der Schule. »Mit solcher Mähne keine Abschlußprüfung«, diese Drohung war kein leerer Spruch in der DDR des Jahres 1972. Ich hielt durch, wie Black Sabath und Deep Purple; ich siegte, wie Crosby, Stills & Nash in »Almost Cut My Hair«. Seit zwei Jahren war ich Rockfan und hing mit dem Recorder am West-Radio: ein bürgerlicher Freak mit *Hecke* und Benimm. Zeugnis neunte Klasse: »Lehrern und Erziehern gegenüber ist er höflich.« Mehr als die Mähne erschreckte die Eltern das Tosen der Gitarrengötter Johnny Winter, Jimmy Hendrix, Leslie West. Leiser! rief Vater von nebenan, leiser!! nochleiserkannstenichtendlichmal!!! Brief an die PGH Elektronik Markranstädt: »Ich möchte sehr darum bitten, mir die beiliegenden Kopfhörer bald zu

18

reparieren, da wir eine sechsköpfige Familie in einer kleinen Wohnung sind und aufeinander Rücksicht nehmen müssen.« Pubertäre Nöte wurden zu Melancholie gemacht, nicht zur Aggression.

Dann war die Schule aus. Ich wäre gern geblieben. Nichts drängte *ins Leben*. Die Oberschule, das Abitur kam nicht in Betracht, »aus Kapazitätsgründen«, wie die Kreisschulrätin Richter, passionierte Christenverfolgerin, *von oben* wissen ließ, obwohl ich *leistungsmäßig vorgeschlagen* war. Der Magdeburger Bischof Werner Krusche schickte einen Trostbrief: Es gehe jetzt vielen so um ihres Glaubens willen.

Ich wußte mir keinen Beruf – außer Sportreporter; das war außer Reiche. Auf der Berufsberatungsstelle liefen die Eltern Herrn Helbig in die Arme, dem Kinochef des Kreises Sangerhausen, der ihnen die Segnungen der Filmvorführerei ausmalte.»Und wenn der Junge sich macht, ist es nur ein Schritt zum Regisseur nach Potsdam-Babelsberg.«

Von wegen. Anfang September 1972 begann die Lehre im sächsischen Langenau. Das Nest lag am Ende der Welt und die Filmschule noch einen Kilometer weiter. Filmvorführer sind ein sehr, sehr sonderbares Volk, schlechtbezahlte Kino-Träumer, Egomanen, neurotisch, hochbegabt, und hier kamen siebenunddreißig Knaben aus der ganzen DDR auf acht Mädchen. Filmwürdige Dramen spielten sich ab, Trunksucht, Intrige, tiefe schlimme Liebe. Einer schmiß sich ums Haar wegen einer Elke vor den Zug. Einen hinderte ich des Nachts im Waschraum, sich für eine Marika aufzuhängen. Hermann Hesse wäre unters Rad gekommen. Ich aber explodierte.

Die Chronik meiner beiden Lehrjahre nimmt mir jedes Bedenken, ich könnte ein jugendlicher Anpasser gewesen sein. Verweise sind in schöner Regelmäßigkeit dokumentiert – wegen Disziplinlosigkeit, mangelnder Arbeitsmoral, nächtlichen Eindringens ins Mädchenzimmer und ähnlichen Manifestationen frohen Jugendlebens. Nach einem *strengen Verweis* drohte Direktor Hillmann zum letzten Mal. »Am 10. Mai 1973«, schrieb er den Eltern, »wurde mit dem Lehrling Christoph Dieckmann nochmals eine Aussprache geführt. Seine Antwort nach einer einstündigen Aussprache war: Meine ganze persönliche Einstellung zum Leben zwingt mich zu diesem Verhalten, ich kann nicht anders und fühle mich dabei auch nicht wohl.«

Ja! Ja! Gar nicht ungern war ich mißverstanden in dieser anti-musischen Welt praktischer Zwecke, darbte tagsüber zwischen Lötkolben und Verstärkern, las nachts Puschkin, »Henri Quatre« und Goebbels' Tagebuch, war tragisch verliebt und – ganz Rock'n'Roll-Outlaw – zur Verzweiflung fest entschlossen. *Freedom is just another word for nothing left to lose.* Verbot tut not. Wie soll man schreien, wenn man darf?

Die Eltern kämpften für mich. »Christoph hat da seine eigenen Vorstellungen, die noch nicht mit den Erfordernissen eines Gemeinschaftslebens in Einklang zu bringen sind«, so schrieb mein Vater »hochachtungsvoll« und bat um gut Wetter. »Er hat uns allerdings beteuert, seine Einschätzung durch die Lehrkräfte, daß er vorsätzlich Schrott verursache oder die Apparaturen falsch bediene, sei nicht richtig. Wir als Eltern möchten ihm an diesem Punkte glauben. Auch meinte er uns gegenüber, wenn er den Kopf auf den Tisch lege im Unterricht, so täte er dies nicht aus Desinteresse und weil er schlafe, sondern er höre dabei genau zu.«

Zwei Wochen vor der Abschlußprüfung flog ich raus. Der Grund war der letzte Tropfen. Wortwörtlich. Um Heimleiter Ekkehard Cords die nächtlichen Kontrollbesuche zu versüßen, hatten wir gemeinschaftlich ein Kondom der Marke »Mondos« über die Türklinke unseres Sechserzimmers gezogen und es mit Flüssig-Bohnerwachs der Marke »Egü-farblos« gefeuchtet. Cords griff hinein, schrie auf, überlebte trotz Angina pectoris, hob die Tür aus und ächzte sie zur Mitternacht ins Lehrerzimmer. Am nächsten Morgen Verhör und Skandal. Besonders der alte Kinotechniker Fritz Zinner, einst Filmvorführer in Rommels Afrika-Korps, konnte sich »nicht entsinnen, jemals eine solche Sauerei gesehen zu haben«. Nach Luft japsend, trat er ans Fenster, riß es auf und sah – mich. Unten auf der Straße marschierte ich auf und ab, im Schlepp ein großes rotes Plaste-Auto ohne Räder. »Was tun Sie dort?« brüllte Zinner.

»Fahren und denken.« Das war's. Diese Documenta '74 gab mir den Rest.

Direktor Hillmann sandte das Telegramm, wobei ihm der Zorn in die Grammatik fuhr. »werter herr dieckmann wegen ihrem sohn christoph wurde ein disziplinarverfahren eingeleitet die disziplinarverhandlung findet am 6. mai 1974 in der zentralen betriebsschule des lichtspielwesens statt dazu laden wir sie ein christoph wird bis zu diesem zeitpunkt beurlaubt und tritt heute am 25. 4. 74 die heimreise an« Vater, viel gefaßter als Mutter, fuhr am 6. Mai mit mir zurück nach Langenau. Das Urteil war schon vorgefaßt. Formal *lag genug vor*, aber die Torheit, die eifernde *Überzeugung*, mit der hier ein schwieriger, harmloser Junge *entfernt* wurde, empört mich noch heute – wie auch die schleimscheißende Kleinheit einiger Kameraden. FDJ-Sekretär Dreyer profilierte sich beim Tribunal als Kronzeuge meiner Asozialität: »Ich möchte anmerken, daß Christoph als Diskjockey oft Titel gespielt hat, nach denen man nicht tanzen konnte.« Direktor Hillmann war mit Strafmaßnahmen wohlvertraut. Ihn selbst hatten seine Oberen in die Wüste nach Langenau geschickt, weil er als Filmeinkäufer der DDR aus dem Westen mit den »Glorreichen Sieben« zurückgekommen war. Nach kurzer Laufzeit befanden die Kulturbestimmer der Republik, der Streifen verherrliche imperialistische Gewalt.

Dann saß ich auf dem Bett im Internat und wollte nicht mit. »Bitte«, sagte Vater, »bitte komm mit.« – »Ich bleibe hier.« – »Hier kannst du nicht bleiben.« – »Mir egal.« Sein Blick fiel auf mein Wandbild, eine selbstgefertigte Collage aus Farben, Blättern, einem aufgeklebten Stift, einem Pfennig, einem Fußabdruck und einer Scheibe Bierschinken, um deren grünliche Wölbung geschrieben stand: ALLES HAT SINN. »Ja, Junge«, sagte Vater, »da hast du recht, das wirst du noch erfahren.« Ich fuhr mit. Am nächsten Morgen war ich Kohlenschipper in der Kreisfilmstelle Sangerhausen.

Der Sturz war brutal. Theologie hatte ich ab Herbst studieren wollen, *mit Menschen arbeiten*, und den Platz am Theologischen Seminar Leipzig schon in der Tasche. Dazu brauchte es den Facharbeiterbrief. Ein Jahr lang

21

reservierte mir Leipzig den Studienplatz. Der Lichtspiel-
betrieb machte ein Hintertürchen auf: *Erwachsenen-
Qualifikation.* Kollege Fratzke aus der Bezirksfilmdirek-
tion Halle ging Weltuntergänge gelassen an. »Täubchen«,
sprach er, »da haste Mist gebaut.« Nachdem alle Kohlen
geschippt waren, alle Müllhaufen verladen, alle Dach-
böden aufgeräumt, durfte ich Filme vorführen.

Meine Landfilm-Zeit mag ich nicht missen, so rand-
voll war sie mit brüllender Komik. Bauern wollten
mich verprügeln, weil ich ihnen den Krimi kürzte, um
den letzten Bus nicht zu verpassen. Zur *Stunde des
sowjetischen Films* für die SED-Kreisleitung startete
ich statt der grusinischen Romanze »Als die Mandel-
bäume blühten« das tschechoslowakische Lustspiel »Ein
Affe am Familientisch« – leider rückwärts; der Film
war nicht umgespult. »Bengel!« schrie Kreisfilmstel-
lenleiter Helbig und tobte, Schlimmstes fürchtend, über
die Feuertreppe in den Vorführraum. Es ging glimpflich
ab. Die Genossen saßen in der Kinobar, tranken und
amüsierten sich prächtig. Und dann der Sommernachts-
Alptraum im Harzer Pionierlager Ludetal. Der Projektor
ging kaputt, und auf der Freilichtbühne rasten tausend
Pioniere nach dem sowjetischen Weltkriegs-Heuler »Der
Kommandant des U-Bootes 'Glücklicher Hecht'« ... Dies,
spricht der Psalmist, sind die Tage, von denen wir sagen,
sie gefallen uns nicht.

Nach einem Jahr bestand ich die Facharbeiterprü-
fung, wozu nebst den geschilderten Fertigkeiten auch
ein dickes Epos vonnöten war: »Analyse filmpolitischer
Sichtwerbungsmaßnahmen«. »Die Werbung ist ein Aus-
drucksmittel der Ziele des Werbenden und soll ihm
gleichzeitig bei der Verwirklichung seiner Ziele behilf-
lich sein«, so erkannte ich, und: »Ein für alle Male ist
der Gedanke zu verwerfen, der Film sei eine Ware, die
unter allen Umständen verkauft werden muß.« Ich hätte
es in der DDR also auch zum Wirtschaftler bringen
können.

Im September 1975 zog ich endgültig hinaus. Leipzig
war Freiheit. Alles, was nun käme, wäre mein. Anfangs
fuhr ich öfters heim (mit schmutziger Wäsche), dann

nur noch selten, aber nie, ohne mit jüngst erworbener Weisheit aufzutrumpfen. Rudolf Bultmann und die *liberale Theologie* schienen herrlich geeignet, den just erkorenen ideologischen Hauptfeind zu verschrecken: das pietistische Dumpfhirn. Dankenswerterweise entsetzte sich Mutter, was alles ich nicht mehr glauben wollte. Dabei war ich doch selbst ein Boot in Not auf dem enzyklopädischen Ozean.

Vater trat mir in der Sache bei und hielt auf Sinnverstehen statt wortwörtlicher Bibelei, freilich mit der Mahnung, Intelligenz sei nicht das Wichtigste im Leben. *Wenn ich mit Menschen- und mit Engelszungen redete und hätte der Liebe nicht, so wäre ich ein tönend Erz oder eine klingende Schelle. Und wenn ich weissagen könnte und wüßte alle Geheimnisse und alle Erkenntnis und hätte allen Glauben, so daß ich Berge versetzte, und hätte der Liebe nicht, so wäre ich nichts.*

Intellektualität galt den Eltern nicht als Ideal. Daß ich studieren müßte, zumal Theologie, war unverlangt. Unser Bücherzimmer bewohnten betrachtende Geister. Musil, Kafka, Faulkner, Broch mußte man sich später anderswo entdecken. Aber Storm, Keller, Fontane, Ina Seidel und Gustav Schwab, die antike Lyra und der nordische Nornengesang betörten aufs beste an regnerischen Tagen im Schaukelstuhl. Verglichen mit der bildungsbürgerlichen Fuchtel war dies die freiere Schule. Mitgenommen habe ich aus dieser flanierenden Lektüre die Tugenden und Mängel des Autodidakten: Selbständigkeit wie den Hang, nur bis zu den Apfelbäumen zu schlendern – eine Art naschhafter Selbstzufriedenheit. Pures Denken drängt weiter, auch in die *badlands* von Abstraktion und Ideologie, aber ein Apfel ist ein Apfel.

Studium: verlängerte Heimkehr zu meinesgleichen. Pastorenkinder zuhauf, geboren mit einem altklugen Dünkel, dem Schutzbrief, den sie unverlierbar bei sich tragen und der ihnen verheißt, die Welt sei besser, als sie ist. Wir alle hatten Sorgen. Der Kinderglaube galt nicht mehr. Das Studium sägte an unentbehrlichen Gewißheiten. Viele verschanzten sich im Pietismus. Ein Kommilitone lehnte Krankenversicherung ab: das heiße

Jesus versuchen. Solches Frömmeln zu verachten befriedigte innerhalb der festen Burg Seminar, aber wir sollten doch hinaus in die säkulare Welt, deren Zirkel zu quadrieren: Leit-Christ sein und trotzdem so sinnlich geübt, so praktisch entschlossen wie *die da* mit ihrem vulgären Materialismus, den *das Volk* ja teilte.

Das Theologische Seminar Leipzig war als kircheneigene Hochschule der Fuchtel des DDR-Bildungswesens entzogen. Der Staat hat es geduldet, nicht sanktioniert. Die Stasi, wußte jeder, schleuste Spitzel ein. Man dachte möglichst nicht daran, sonst hätte man nicht frei studiert, und das Seminar *war* ein Ort freier Rede, freier Arbeit – nicht nur in Theologie und den alten Sprachen, auch in Philosophie, Kunst, Geschichte und den Sozialwissenschaften. Wichtige Lehrer: Ernst Koch, Ulrich Kühn, Eberhard Fischer ... Gottfried Steyer, das Sprachgenie, heimisch in siebzehn Idiomen. »Einigen Sie sich«, pflegte er zu sagen. »Wenn drei oder vier von Ihnen eine bestimmte Sprache erlernen möchten, dann lehre ich sie.« Diese furchtbare Kapazität umgriff zum Glück nicht alle Künste. Steyer besuchte den Studentenseelsorger. Bei dem an der Wand hing ein Druck des berühmten Fisches von Paul Klee. Steyer äugte interessiert: »Bruder Geilhufe, Sie malen?«

Unvergeßlich auch die Literatur-Dozentin Ursula Geiler, eine zarte, dichterisch erglühte Person mit empfindlichen Augen, gerötet vom nächtlichen Lesen. Ob Thornton Wilders Brückenkatastrophe von San Luis Rey Anlaß zum Widerstand gäbe oder zum Trost, darüber sannen und schrieben wir einen Sommer lang. Wer las, den liebte Frau Geiler. Die Schriftverächter traf der Bann. »Na, Herr Klotz«, bedachte sie schneidend einen Buchmuffel aus dem Erzgebirge, »Sie lassen auch die Sterne funkeln, was?« Klotz, rechtmäßiger Besitzer seines Namens, stierte und schwieg. Frau Geiler aber litt um jeden frommen Stiesel. Wie wollte einer Pfarrer werden ohne Kafka, Rilke und Camus? Wie von der Erlösung wissen, ohne Verzweiflung zu kennen?

Albert Camus wurde uns heilig. Warum brach anno 1975 unter unschuldigen DDR-Kirchenkindern, nicht von der Fremde oder Pest bedroht, ein kleiner französischer Nachkriegs-Existentialismus aus? Trotz, Koketterie, ein Ahnen, daß die persönliche Revolte irgendwann Politik werden könnte? Nur zögerlich schickte *die DDR* sich an, derlei bedenkliche Bücher zu drucken. Manches war nur in *widerlegter* Form zu haben, in den Heften »Zur Kritik der bürgerlichen Ideologie«, herausgegeben vom Akademie-Verlag, worin die kleinen richtigen Denker die großen falschen entlarvten.

Dank der Seminar-Bibliothek lasen wir auch die falschen: Heidegger, Nietzsche, Schopenhauer; allerdings entbehrten deren dunkle Schlünde der belletristischen Romantik. Hemingway, der nur romantisch war, entzog sich theologischem Recycling: ihm fehlte Moral (zu schweigen von Humor, doch den vermißten wir nicht). Aber Camus, der hatte alles: Herz, Hirn, die Posen der Jugend – ein trefflicher James Dean für Theologen. Der »Mythos von Sisyphos«: Wir deuteten die Welt, bevor wir sie erfuhren.

Heute verstehe ich, daß wir nach Atheismus suchten, nach Edlen unter den Feinden, um Gott in der Fremde zu finden und *das Wort* an den Wörtern zu erproben. Ernst Bloch war uns willkommen, auch Milan Machovec mit seinem Versuch, atheistisch zu glauben. Zur historisch-kritischen Bibelauslegung sahen wir keine Alternative, und die *von unten* lehrende *natürliche Theologie* bot mehr Lebenshilfe als Karl Barths *Christologie von oben*, als wäre das erdgeborene Heil nicht anfälliger für ideologische Korruption als eine Theologie, die immerhin die Bekennende Kirche mit geistiger Wehr gegen Hitler ausgerüstet hat. Das war nicht unser Thema. Uns ermutigte Bultmanns Lehre, Christus sei, beiseit aller leeren oder vollen Gräber, »in die Botschaft auferstanden«, in den »Anruf des lebendigen Augenblicks«. Noch war das Rhetorik; noch rief der Augenblick nicht an. Diesseits war noch jenseits. Die DDR hielt Ruhe: Honeckers Gründerjahre.

Die endeten rasch. Wolf Biermanns Ausbürgerung im Spätherbst 1976 brachte vielen von uns Provinzweltbürgern erstmals den ganzen Staat auf einen Nenner – keinen guten. Zwei Kommilitonen wurden verhaftet. Absurderweise glaubte man, dem einen *konterrevolu-*

tionäre Gruppenbildung nachzuweisen: drei Jahre Gefängnis. Der andere fuhr ein, weil er vor dem Leipziger Hauptbahnhof per Bauchposter für Rudolf Bahro demonstriert hatte: sechs Wochen Haft, dann Entlassung als Gnadenerweis. Er hatte vier kleine Kinder.

Seit 1968 unter Protesten die Leipziger Universitätskirche gesprengt worden war, hatte der Staat das Seminar verpflichtet, seine Zöglinge einen Volkshochschulkurs Marxismus besuchen zu lassen. Den hielt der Genosse Fiechtner, auch Pfarrer Fiechtner genannt, und verabfolgte die wahre Lehre mit einer Anschaulichkeit, die an »bobbulären Beispielen« nicht Mangel litt. »Hörnse druff! De Griminalidät im Gapdalismus spricht sozusaren Bände. Im Sozialismus, nich wahr, würds geem eingomm, wejen dreidausend Mark der Vergäuferin vom Centrum-Warenhaus de Omme einzubochn.« Gleich in der ersten Stunde bat Fiechtner, man möge ihn nicht mit sinnlosen Diskussionen nerven. »Sie ham Ihre Üwerzeujung und ich hab meene. Wennse immer schön druffhörn, nich wahr, erzähl ich Ihnen am Schluß der Stunde von meener Garrjäre.« Das lohnte immer. Fiechtner hatte »bildungswillige Schüler« zum Abschluß der sechsten Klasse geleitet und ihnen dabei Vaters Statt vertreten. »Die kamen immer an mit Paßfotos von ihren Disko-Miezen: Herr Fiechtner, welche solln mir nähm?« Salomo wich aus: »Es gommt uff de Sähle an, und hier seh'ch bloß den Gopp.«

Es gab am Seminar einen Weg, sich ins Unvermeidliche der DDR zu schicken und trotzdem fröhlich unterwegs zu sein: die *via aesthetica*, Theologie als selbstverliebte Lebensform. Früh erwachen, Brötchen holen, Kaffee mit Milch und Keith Jarrett. Fenster auf, der Sonne von Assisi einen Gruß und Dank für die prächtig blühende Azalee. Rasch ein paar Notate zum Schleiermacher-Seminar, möglichst wichtig, möglichst schachtelig verfaßt, mit Adornos nachklappenden Reflexiv-Pronomina oder im Stile Barths, dessen überfütterte Suada ernstlich für schön galt; der Große Meister hatte Mozart geliebt. *Es darf und wird also die theologische Ethik ihr eigentümliches Woher und Wohin nicht verharmlosen, um sich selbst einen Platz an der Sonne*

26

der allgemeinen ethischen Problematik zu sichern. Verharmlosen darf und soll sie den ihr da selbst begegnenden Widerspruch – daraufhin, daß er durch den Tod und die Auferstehung Jesu Christi längst verharmlost ist. Verharmlosen darf sie aber nicht sich selber, weil sie das gar nicht kann, ohne sich selbst wegzuwerfen. Indem sie schlechterdings offen ist für alles, was sie aus den allgemein menschlichen Fragen und Antworten lernen könnte – darum schlechterdings offen, weil sie dorther schlechterdings nichts zu fürchten hat –, muß sie wiederum schlechterdings entschlossen sein und bleiben, Farbe zu bekennen, an der Erfüllung ihrer eigenen Aufgabe sich nicht hindern zu lassen.

»Scheiße«, sagte die Dürre, »ick wer' nich schwanger. Ick kann machen, wat ick will. Ick ha' schon jeden Abend 'n annern Kerl rinhalten lassen. Wenn ick keen Kind kriejen kann, wollt ick wenichstens 'n Tier. Fische hatt ick. Die hat meen eener Partner ins Klos jekippt.« Dies war schon Berlin, wohin ich 1978 gewechselt hatte. Abendlich saßen wir in der »Erika«, Stammkneipe des Sprachenkonvikts, schlechterdings offen für alles, was aus den allgemein menschlichen Fragen und Antworten schlechterdings zu lernen sei: die menschliche Komödie. Hier das trunkene Schachgenie, da der schwule Senator des alten Rom, dort am Hintertisch die Zocker mit ihren Pfennigen auf der Platte, aber jeder Einsatz gilt mal hundert, und der alte versoffene Hundefeind spricht zur alten versoffenen Hundefreundin: »Na, macht's Spaß mit der Töle?« Da wird ihm die Schnauze poliert von einem späten Kavalier, und die Dame mit dem Hündchen sagt: »Die Männer sind ja Säue!« Gern doch, wie beliebt, und bitte mehr davon für die jungen Herren Voyeure. Gottfried Benn muß hier geschrieben haben. *Dreck, Hündinnen, Schakale / Geschlechtstrieb im Gesicht / und aasblau das Finale / der Bagno läßt uns nicht.* Doch, läßt er, denn wir zahlen. Zehn Bier, macht fünf Mark zehn, gib fuffzich, gib sechs, raus, rechts durch die Borsigstraße, mit Gesang, so wohlig angedüst, und halt! da sind wir schon an unsrer festen Klinkerburg, der gnädiglich bewahrten Stadt, die einen Engel vor dem Tore hat. *Eine Wirklichkeit ist nicht*

27

*vonnöten / ja es gibt sie gar nicht, wenn ein Mann /
aus dem Urmotiv der Flairs und Flöten / seine Existenz
beweisen kann.*

Noch anders als das Leipziger Seminar war das Sprachenkonvikt eine Akademie, durchaus mit Standesdünkel. Hier dominierte der preußisch-protestantische Philosophismus. Die pietistischen Erzgebirgler fehlten fast völlig und damit der Ruf nach baldiger Bewährung des Glaubens in der Gemeinde. Das Sprachenkonvikt erzog zur geistigen Gebärde, als sei zu denken ein Brotberuf, was manchen später grausam enttäuschte. Im Landpfarramt werden nun mal mauernde und dachdeckende Pastoren mehr geschätzt als die Korrespondenten der Zeitschrift für alttestamentliche Wissenschaft.

Noch war es nicht soweit. Noch sproßte man im Gewächshaus unter den warmen Augen der Lehrer und tat verstohlen wie ihr künftiges Ebenbild. Die Studienbedingungen waren ideal. Jeder kannte jeden; die Studentenschaft zählte etwas über hundert. Seminare von mehr als zwanzig Teilnehmern wurden geteilt, wegen Überfüllung, und einmal im Semester lud jeder Professor seine Kanzelschwälbchen zu sich nach Hause ein, um sie mit Fleisch, Bowle und Gemeinsinn anzufüttern.

Die Lehrer: Wolfgang Ullmann, Richard Schröder, Günter Krusche, Jürgen Henkys, Christian Wolff ... Wolf Krötke, Systematiker Barthscher Schule, war eine Art *rector communis* am Konvikt: Beichtvater, Rhetor und Pathetiker mit Herz, obwohl er sich aus Scheu als Kopfmensch gab, dazu ein veritabler Fußballspieler noch mit über Fünfzig. Richard »Latschenschröder« pflegte einen Vorlesungsstil, der, seinem Schuhwerk ähnlich, nach vielen Seiten offen war. Formal durchaus streng, tendierte dieser spielerische Bastler zur Spekulation und zu Orakeln aus Calau. »Die Philosophen haben die Welt nur verändert, es kömmt aber darauf an, sie zu interpretieren.« Klassischen Bildungsidealen am nächsten kam Wolfgang Ullmann, geistig sonstwo daheim als Kopf und Haupt seiner eigenen, weiseren Welt. Jeder studentischen Theateraufführung war vorab Erfolg garantiert durch Ullmanns Bedürfnis, sich auch über

28

bescheidene Scherze schallend totzulachen. Wenig lustig fand er allerdings, was ihm jemand im Kirchengeschichts-Examen offerierte: den lückenlosen Vortrag sämtlicher Jahreszahlen seit Christi Geburt in der richtigen Reihenfolge: Eins, zwei, drei, vier ...

Ullmann danke ich eine bleibende Bemerkung, die er so nebenher im Schlegel-Seminar machte und die ich damals nicht recht verstand: Die Hermeneutik sei eine Identitäts-Philosophie. In der zweiten Hälfte des Studiums, da man seine Schuhe nicht mehr sucht, sondern kräftig ausschreiten möchte, hatte ich mich der Hermeneutik, der Text-Deutungslehre, verschrieben und sie mir zur Welterkenntnis aufgeblasen. Alles, was mich bewegte, hängte ich daran – Literaturgeschichte, Sprachtheorie von Wittgenstein bis Popper und natürlich die stetig kreisenden Fragen nach Sinn, Exklusivität und Verbindlichkeit biblischer Überlieferung: Wie kann Gott reden, wie sich als *Wort* offenbaren, wenn alle Sprache Menschenrede ist? Und: Was alles wäre *Wort*?

Faust, Studierstube. Lies, lies, lies Paulus, 2. Korintherbrief 3,6: *Der Buchstabe tötet, der Geist aber macht lebendig.* Lies Luther, aber bitte Urtext, Weimarana: *Scriptura sacra sui ipsius interpres*, die Heilige Schrift erklärt sich selbst, denn *geselle, wo du mir Gott hinsetzest, da mustu mir die menscheit mit hin setzen, Sie lassen sich nicht sondern und voneinander trennen, Es ist eine person worden, und scheidet die menscheit nicht so von sich, wie meister Hans seinen rock aus zeucht und von sich legt, wenn er schlaffen gehet.* Lies das Vademecum der altprotestantischen Orthodoxie: *Littera gesta docet / quid credas allegoria / moralis quid agas / quid speres anagogia.* Die Neuzeit, liest du, etabliert die Spannung zwischen Schriftauslegung und Dogmatik. Der *garstige Graben der Geschichte* klafft: drüben die Überlieferung, hüben die Vernunft, und Schleiermacher, kannst du lesen, erklärt letztere zum geschichtlichen Prozeß und das Gottbewußtsein zur dem Menschen eingewachsenen *Provinz im Gemüthe.* Weiter geht's, zu Wilhelm Dilthey. Das Verstehen wird zur *eigenen Nacherzeugung der lebendigen Gedankenverknüpfung,* weil *sich die Individualität des Auslegers und die seines*

Autors nicht mehr als zwei unvergleichliche Tatsachen gegenüberstehen. Und nun mußt du durch dunklen Tann, durch düstere Heideggerei, immer dem *Geläut der Stille* hinterher, bis du die Lichtung mit dem Häuschen findest. *Haus des Seins ist die Sprache, weil sie als die Sage die Weise des Ereignisses ist ... Die Sprache west als der sich ereignende Unterschied für Welt und Dinge ... Welt und Dinge bestehen nicht nebeneinander. Sie durchgehen einander. Hierbei durchmessen die zwei eine Mitte. In dieser sind sie sich einig. Als so Einige sind sie innig ... Die Innigkeit von Welt und Ding ist keine Verschmelzung. Innigkeit waltet nur, wo das Innige, Welt und Ding, rein sich scheidet und geschieden bleibt. In der Mitte der Zwei, im Zwischen von Welt und Ding, in ihrem inter, in diesem Unterwaltet der Schied.*

Heideggers Klang hat uns ergriffen wie Kinski seine Weiber. Wir gaben uns hin. Wir waren zu Willen – dem Griff, nicht dem Charakter. Brüderlicher nahte sich Heideggers Schüler Hans-Georg Gadamer: Alle Sprache – Text, Bild, Musik – sei immer schon die unsere. *Wir stehen ... ständig in Überlieferungen, und dieses Darinstehen ist kein vergegenständlichendes Verhalten, so daß das, was die Überlieferung sagt, als ein anderes, Fremdes gedacht wäre – es ist immer schon sein Eigenes, Vorbild und Abschreckung, ein Sichwiedererkennen, in dem für unser späteres historisches Nachurteil kaum noch Erkennen, sondern unbefangenste Anverwandlung der Überlieferung zu gewahren ist.* Horizontverschmelzung nannte Gadamer das: in der Sache sich selbst verstehen, in sich selbst die Sache. Und was immer einer mitbringe an Vorverständnis, tauge zum *Vorgriff der Vollkommenheit.*

Das war nicht die Verheißung der Schlange: *Ihr werdet sein wie Gott.* Unendlich viel weniger wollte man: etwas Eigenes finden, bleibende Auskunft, eine Sicherheit, um darin zu nisten wie daheim. *Vorverständnis* war das Schlüsselwort. *Mutabor,* und die Tür ging auf. Man betrat den Tempel. Die Augen gewöhnten sich ans Dämmerlicht. Die Stimme sprach: Du hast mich bei deinem Namen gerufen, ich bin dein. Man öffnete

30

den Schrein und erblickte den Gral: sich selbst. Sechs Jahre für einen Spiegelscherben.

Ullmann hatte recht: Die Hermeneutik *ist* eine Identitäts-Philosophie. Vermutlich meinte er das noch anders, als ich es begreife; das war bei ihm immer so. Identität – mehr konnte ich nicht wünschen mit fünfundzwanzig Jahren in der DDR. Wissenschaft heißt Entsagung: immer weiter wollen, in die Fremde denken, nüchtern schreiben ohne raschen Rausch. Ich aber lief rückwärts voran, die Augen beim Vertrauten – Sicherheit, ein kindlicher Reflex. Wie die ängstlichen Pietisten beurteilte ich alle Theologie nach ihrem Talent, heimwärts zu führen, nur daß ich nicht ins fromme Erzgebirge wollte, sondern zu den Apfelbäumen, ob sie Erkenntnis trugen oder nicht. *Road movie* Theologie: Mein Studium war die Große Wanderung im Kreis, aber in Serpentinen, den Berg hinauf. Es hat sich ausgezahlt – nicht in Karriere oder kirchlicher Fertigkeit, doch ein anderer Blick stellte sich ein, ein vorlaufendes Wissen um Qualität, wie Robert M. Pirsig es beschrieben hat in »ZEN oder die Kunst, ein Motorrad zu warten«. Künftig stand die Feuersäule in den Wolken, bloß die Erde schien nicht mehr gut genug für Hans-guck-in-die-Luft. Was ihm vorschwebte, konnte er nicht erreichen.

Es ist bitter, daß die Epigonen-Phase nur beendet werden kann durch Abkehr von geliebten Leuchten. Der Schüler verläßt den Lehrer oder bleibt sein Mündel. Ich hätte ja so weiterschreiben können: *Eine Verkündigung hingegen, die durch Abbau von zeit- und existenzbezogener Kontextsensitivität an Gültigkeit zu gewinnen trachtete, täuschte sich ebenso bezüglich ihrer Möglichkeiten, wie sie umfassend der Chance, nachhaltig zu werden, sich begäbe.* Also endete auf Seite 76 mein Opus magnum über »Sprache als Ort der Anwesenheit Gottes«, hingeorgelt nach Art der musikalischen Frühentwickler, die alles spielen können, bevor sie es begreifen. Ich wollte so gern schwierig sein. Wolf Krötke schrieb eine lange Kritik. »Der Vf. hat die wesentlichen Anliegen der Hermeneutik sehr schön dargestellt, auch wenn er selbst später alles Gesagte nicht mehr bereit zu halten weiß. Theologisches Denken bleibt so lange fruchtlos, wie es nur den Stellenwert des gelegentlichen Einfalls behält.«

Einfälle hatte ich genug – dringende, drängende, nur paßten sie recht mühsam ins theologische Geflecht und wurden dort gern als *salopp* enttarnt. Es fehlte ein väterlicher Freund, der gesagt hätte: Nun schreiben Sie erst mal alles, was *Sie* schreiben müssen. Erzählen Sie, und sei's von Ihrer Rockmusik. Das wird sich schon vertragen mit der Theologie, da Sie doch einer sind, der den Gedanken ans Gefühl heranträgt und nicht umgekehrt. Das Aus sprach Kommilitone Philipp. Wir becherten so schön in der »Erika«, ich heideggerte ihm einen, da sagte er: Als Theologen kann ich dich nicht ernst nehmen.

Das kam nicht von oben herab. Er hatte sich einfach die Seiltanznummern erspart. Das Artisten-Image reizte ihn nicht. Heute ist er Pfarrer bei Oranienburg (gern und ein guter); außerdem Gefängnisseelsorger. Seinesgleichen hat den Wechsel in die Praxis leichter vollzogen als wir Kreiselköpfe. Immerhin, die Kommilitonen Markus Meckel und Martin Gutzeit erklärten 1990, die ostdeutsche Sozialdemokratie hätten sie auf Weisung Hegels begründet: Das Vernünftige sei auch das Wirkliche.

Die politischen Karrieren von Richard Schröder und Wolfgang Ullmann sind bekannt. Viele Konviktler fanden zur kirchlichen DDR-Opposition, besonders in »Demokratie Jetzt«, später aufgegangen im Bündnis 90. Kurios war, wie sie nach der Wende glaubten, das Land, dessen Fluch sie nur in Maßen trugen, hätte auf ihren Segen gewartet. Immer noch erstaunt mich, wie wenig DDR ins Konvikt vordrang. Man verließ es nicht ideologisch disponiert – weder so, noch so. Man war immun gegen Ideologie. Ihre Dummheit lockte nicht und schreckte nicht. Man hatte anderes zu denken als dieses Nichts.

Das Leiden an der DDR wurde erst später ein Thema, am Predigerseminar in Brandenburg. Martin Uhle-Wettler leitete es, ein älterer Schorlemmer ohne Posen, mehr Mystiker und Literat als akademischer Mentor. Er nahm das Land in seinen Menschen ernst und bezog aus der

32

allgemeinen Misere jenes Leidens-Pathos, das der ostdeutschen Kirche eigen war. Heute deprimiert ihn, wie rasch die Kirche, deren *Kraft in der Schwachheit mächtig* war, sich mit der Ost-West-Fusion dieser speziellen Stärke begeben hat. Geld regiert nicht nur die Welt. Eine Vereinigungsgeschichte.

Und noch eine: Das Sprachenkonvikt gibt es nicht mehr. Es hat sich verehelichen müssen mit der einst so verschmähten »roten« Sektion Theologie der Berliner Humboldt-Universität, als deren freies Gegenstück es früher galt. Wolf Krötke wurde Dekan. Seine lb. Frau erteilte mir Hausverbot, wegen eines wägenden *ZEIT*-Artikels über Heinrich Fink. Günter Krusche, sozusagen die andere Fraktion, zieh mich der Menschenvernichtung, wegen eines wägenden *ZEIT*-Artikels über ihn selbst und seine Stasi-Gespräche. Weiße Raben fliegen auch nicht besser als schwarze Schafe.

Es bleibt, was war. Die Julisonne brannte, aber der Konviktshof lag kühl und still. Den letzten Studien-Sommer verschlang die Arbeit zum Examen, ein Wälzer über die Königsweissagungen im Alten Testament. *Siehe, eine Jungfrau ist schwanger und wird einen Sohn gebären, den wird sie nennen Immanuel ..., und die Herrschaft ruht auf seiner Schulter; und er heißt Wunder-Rat, Gott-Held, Ewig-Vater, Friede-Fürst; auf daß seine Herrschaft groß werde und des Friedens kein Ende auf dem Thron Davids und in seinem Königreich, daß er's stärke und stütze durch Recht und Gerechtigkeit, von nun an bis Ewigkeit.* »Immanuel«, schrie es von unten, »komm her, du Verbrecher!« Im Hof barg Jutta, die Nachbarin, an ihren mächtigen Brüsten Sohn Nr. 4 von Vater Nr. 4. Der Zweitjüngste machte Sperenzchen. »Immanuel, ick hau dir'n Arsch voll!« Vox populi, dachte ich gütig, nun ja, das Volk. Die knabenhafte Arroganz ist mir sehr mühsam vergangen.

Das Zimmer im Sprachenkonvikt war zu räumen. Den hohen Blick auf Invalidenstraße, Mauer und Wedding erbte ein anderer. Meine kommende Aussicht: Schwedter Straße im Prenzlauer Berg, ein Hof aus Beton, Müllcontainer, Teppichstange, dahinter ein bißchen Verkehr auf

33

der Choriner. Die große Wand des einzigen Zimmers, darin Mann, Frau, Baby unterkommen mußten, war nicht als *Außenhaut* gebaut; den ursprünglich angrenzenden Teil des Hauses hatten Bomben weggeschlagen. Jetzt kroch die Nässe in die Wand und feuchtete die Luft und zierte die Tapete mit Schimmel und Salpeter. Das Kind hustete, Mann und Frau stritten, und auch die neue Kneipe, ohne Theologentisch, bot nicht das frühere Vergnügen. Die Gestalten von Zille und Benn, die ließ man nun nicht mehr hinter sich, die kamen jetzt mit, der schielende Schmidt beispielsweise, der erst im Suff der kleinen Verkrüppelten von nebenan den Leib gesegnet hatte, nun aber weder *das Balg* ertragen mochte noch *die Schlampe*. Oder Fränki, dessen bisheriges Leben als Haft mit Pausen abgelaufen war. Fränki sammelte deutsche Schlagerplatten. Die spielte er mit Heavy-Metal-Pegel, und zwar vorzüglich nachts. Wenn ich, sonst keiner, bei ihm klopfte und um Ruhe *bat*, zeigte er sich bestenfalls erbötig, mir *aufs Maul zu kloppen*. Ach Höflichkeit, du Sprache mit der Brille! Es gibt einen gewissen Berliner, den man anbrüllen muß; mühsam habe ich das gelernt.

Frau Liebeke, ein Stockwerk tiefer, verehrte Fränki. Er legte ihr Wunschmelodien auf, die sie durchs morsche Mauerwerk genoß. *Weiße Rosen für eine Liebe / die ab heut mir nicht mehr gehört / weiße Rosen für eine Lüge / die das Glück meines Lebens zerstört*. Frau Liebeke trank und wurde davon nachts aufs Außenklo getrieben. Gern fiel die Wohnungstür ins Schloß, gern lag der Schlüssel drinnen. Frau Liebeke klingelte, immer bei uns, stand da, ein trunkenes Gespenst, und murmelte: »Ick komm nich rin. Könnse nich ma?« Mit Draht und guten Worten ging die Türe auf, und es war nachts um zwei.

Winters heizte Frau Liebeke nicht, da, wie sie erklärte, ihr Kanarienvogel Jupiter eine Kälterasse sei und Ofenheizung nicht vertrage. Wegen ihrer Liebe zum volkstümlichen Vers besuchte ich sie mit dem Busch-Album und las ihr aus der Geschichte vom Knaben auf dem Eis: *Als anno vier das Holz so rar / und als der kalte Winter war / da fiel, ja hört, man glaubt es kaum /*

34

gar manche Krähe tot vom Baum. Es half nichts. »Mein Jupiter is keene Krähe«, bemerkte sie spitz.

In Wahrheit hatte sie keine Kohlen bestellt. Aufwendig war sie bemüht, nicht als *asozial* zu gelten. *Asozial* war Frau Loth, mit der sie soff und über die sie tratschte. »Die Loth jeht nich ma uffs Klo«, verriet sie. Wir wußten es; wir dankten es; wir teilten dieselbe Außentoilette. Selten zeigte sich Frau Loth. Falls sie doch ihre Türe auftat, stank das Treppenhaus für Tage.

Eines Tages im Winter, ich kehrte zurück von zwei Wochen Reise, traf ich im Treppenhaus Fränki. Zum ersten Mal sprach er mich an: »Wat issn nu?« – »Was denn?« – »Na, wat wirdn nu?« – »Was soll denn werden?« – »Na, mit der Loth!« – »Was ist denn mit der Loth?« – »Na, dot isse!« Frau Loth war vor zehn Tagen gestorben und lag vor dem Herd in ihrer eisigen Küche. Frau Liebeke hatte den *Abschnittsbevollmächtigten* gerufen. Der Blockbulle kam, durchwühlte Müll und Gestank nach Geburtsurkunde und Personalausweis, fand nichts und zog hinter sich die Tür ins Schloß, als sei nichts geschehen: Der Ollen konnte es egal sein. Gleichmut ist nicht das Schlimmste am Berliner; es gibt auch Lust am fremden Debakel.

Ich traf den Mann auf seiner Streife und sagte: So geht das nicht. Er tat erstaunt – die Loth tot? – und versprach Abtransport. Frau Loth lag zwei weitere Tage. Dann rief ich das Überfallkommando: »Bei uns im Haus liegt eine Leiche!« Sie kamen zu viert und eskortierten Wilma Loth wie Sperrmüll hinaus. Verwandtschaft? Anscheinend keine, obwohl sich in dem Durcheinander alte Weihnachts- und Geburtstagskarten fanden, belanglos, freundlich und intakt. Und eine Karte, verwölbt und alt, kam aus der *Stadt der Reichsparteitage* und trug eine Hakenkreuz-Marke. »Meine liebste Wilma, ich denke immerzu an dich. Dein H.« Helmut, Herbert, Horst? Liebste, immerzu, Dein, damit war sie gemeint, dieser erbärmlichst geendete Mensch.

Nächte später weckte uns ein Rauschen und Brausen im Treppenhaus. Tauwetter hatte eingesetzt. In den vereisten Toiletten waren die Rohre geplatzt. Schäumend stürzte eine schmutzige Brühe treppabwärts vom vierten Stock bis in den Keller. Der Haupthahn war blockiert. Noch Tage darauf, endlich hatte ein Klempner der Kommunalen Wohnungsverwaltung die Rohre geflickt, glitschte ein schmieriger Film über die Stufen, und an der Wand, die wieder gefroren war, glitzerte Eis.

O Haus mein Sarg / Gemälde tristes du aus Schwarz und Grau / du Ghetto meiner Seele Drahtverhau / an dem Geziefer knabbert Ausgespien / ist wer hier lebt vom Schicksal Jeder Tag / ist eine Seite aus Döblin ... Ein Fluchtraum blieb, ein Zimmer unterm Dach in der Schönhauser Allee, vierter Stock, kahl und kalt, aber es ließ sich beleben. Ich ging nur nachts dorthin, trank, schaute aus dem Dunkel ins Dunkel, und daß die Stadt schlief, versöhnte sie ihrem Wächter. Zwischen den Ohren toste der unvergängliche Lärm von Hendrix, Lynyrd Skynyrd, Little Feat, von Joni Mitchell und der Allman Brothers Band. Ein anderes Leben schwebte herein, auch nicht besser, nicht viel älter, aber von weither. *My name is Billy Austin / I'm twenty nine years old / I was born in Oklahoma / Quarter Cherokee I'm told / I don't remember Oklahoma / it's too long since I left home / it's like I spent all time in prison / I've been too long alone.* So erhaben, fröstelnd und berauscht, hoch über der Halb- und Hauptstadt, verdiente ich mir die Musik, bevor ich sie beschrieb. Und so machten es viele, die nichts ändern – konnten? wollten? Aber einen Spiegel suchten wir, die Immergleichen. Uns Ostlern geschah ja nicht viel, und darüber dachten wir dann lange nach.

Wir. Wer ist wir? Unseresgleichen. Wo versammelt sich diese Gemeinschaft deiner Heiligen? Wer, Pastor in spe, sollte es teilen, dein Wir, da du so sehr das Eigene bedenkst? Der Berliner Studentengemeinde bist du ein mäßiger Vikar gewesen. Das zweite Vikariat in Berlin-Buch verläuft nicht besser. Mit einzelnen sprichst du gern, aber Pfarrer sein, der Gemeinde nicht nur zugehören, sondern ihr den Hirten machen und den *maître de plaisir*, das kannst du nicht. Du wägst zu sehr. Du setzt dich ab. Horror: ständig von Gott reden, als wäre

Glaube nicht äußerst intim. Schon hörst du, wie Deinesgleichen in den pastoralen Jargon verfällt – aus Selbstschutz: die präformierte Kirchensprache ist eine feile Tinte. Das Herzblut muß man hüten für die besten Worte: *das* Credo, *den* Fluch, *das* nie geschriebene Gedicht. Sie kommen nicht dazu. Sie hasten, sie eilen, sie haben zu tun: *vita activa.*

Vita contemplativa: »Der Handelnde ist immer gewissenlos«, heißt es bei Goethe. »Gewissen hat nur der Betrachtende.« Das kam zupaß, das mochtest du in deiner Schale. Anderen aus ihrer Kruste helfen, das hast du selten probiert. Fauler, willste ein Ei? – Ja, wenn's gepellt ist.

Gepredigt hast du dann doch ganz gern und beerdigt auch. Das war echt. Das war schön: friedlich entschlafene Greisinnen in warme sommerliche Erde betten, zu Orgel und Psalm. *Unser Leben währet siebzig Jahre, und wenn's hoch kommt, so sind's achtzig.* Felicitas W. war einundneunzig geworden. Gewiß hatte sie nicht vorgehabt, nach ihrem Heimgang in einem Hitchcock-Thriller mitzuwirken. Eine Dame verschwindet: Der Sarg verließ die Sakristei, fest in den Händen der schwankenden Kollegen Trinker & Träger. Ich folgte mit der Gemeinde nach dem Schlußchoral. Aber wo war der Sarg, wo hatten sie ihn hingetragen? Ich führte den irritierten Trauerzug kreuz und quer über den Friedhof, im wehenden Talar und panisch Ausschau haltend nach dem leeren Grab, bis wir zu einem Schuppen kamen, dessen Türe offen stand. Da, dort mußte die alte Dame sich verborgen haben! Sie hatte nicht. Der Schuppen war leer, bis auf eine Gummikarre. Ich machte dem Zug ein Zeichen – halt! –, bevor ein anderer in den Schuppen blicken konnte. Ich betete, schlug das Kreuz, materialiter über der Karre, doch im Geist bei Frau Felicitas. Dann verriegelte ich die Tür und begann zu kondolieren. Eine fremde Ruhe flog mir zu und blieb über mir, als es im Leichenzug zu tuscheln begann: »Was hat denn der Paster da gemacht bei dem Schuppen?« – »Pscht! Wird er schon wissen!« Leider nein. Keiner hatte mir gesagt, daß Frau Felicitas verbrannt zu werden wünschte. Der Sarg war unterwegs zum Krematorium.

Sonderbar, sprach anderntags der Friedhofsmeister. »Heute wollte ich die Gummikarre flicken, da ist sie auf einmal von selber wieder heil.«

Da kommt Post. Das Wehrkreiskommando Mitte lädt zur *Einberufungsüberprüfung*. Der Warschauer Pakt bedarf deiner Spatendienste, die höllischen Scharen der NATO in Schach zu halten. Einspruch verschlägt nichts. Was, Vikar, zweites Examen noch nicht abgelegt, heißt'n das, sind woll sitzenjeblieben, was? BÜRGER, SIE MARSCHIEREN!

Wer kann helfen? Einer, vielleicht. Stolpe ist jovial, keineswegs auf irgendeine Art erstaunt und entläßt seinen Gast wie so viele: Nun gehen Sie mal nach Hause, ich kümmere mich drum. Tage vor dem Gestellungstermin teilt Konsistorial-Mitarbeiter Stornowski mit: das Wehrkreiskommando habe angerufen. »Eine Einberufung erfolgt zur Zeit nicht.« Es fließen Rotz und Wasser zum Zeichen des Glücks. *Wie* Stolpe das machte, hat damals keiner gefragt.

Nach beiden Vikariaten, kurz vor Ende des halben Jahres im Predigerseminar fuhr ich nach Magdeburg und erklärte dem Ausbildungsreferenten meiner Landeskirche, Pfarrer könne ich nicht sein. Oberkonsistorialrat Zachhuber hörte sich das ruhig an, inklusive verschwommene Reden vom Schreiben und von kirchlicher Publizistik (Talentproben waren erschienen). Dann drehte er am Telefon: »Bruder Kobold, es wird doch nicht ganz dringend mit der Pfarrstelle für Bruder Dieckmann.« Er muß gespürt haben, daß da jemand vor ihm saß, dessen Distanz anders zu nutzen sei. In etlichen Landeskirchen hörten die Skeptiker rasch Adieu, falls ihnen *das Amt* nicht behagte. Manche hatten sowieso für Bildung studiert, nicht wegen des Berufs.

Zachhubers Vermittlung brachte mir zwei Jahre Assistenz in der Studienabteilung des Kirchenbundes. Unterm Dach der Ostberliner Auguststraße 80 entwarf dieser *think tank* der Kirchen in der DDR Papier zu allem, was Mitte der achtziger Jahre brodelte, bevor es aus dem Kirchenkessel schwappte: Abrüstung, sozialer Friedensdienst, christlich-marxistischer Dialog, Reproduktion von Religion im sozialistischen Staat, AIDS, Homosexualität in der Kirche, Macht und Sprache der Ideologien und – erstes und letztes Thema – Öffentlichkeit. Was drinnen los war, in der Kirche, wußte man. Daß die draußen ähnlich dächten, ließ sich ahnen.

Dann sprang ich endlich aus dem Kirchenfenster, zunächst nur feierabends. Tagsüber war ich seit Herbst 1986 Referent für Öffentlichkeitsarbeit beim Berliner Ökumenisch-Missionarischen Zentrum. Der *Sonntag*, das Wochenblatt des Kulturbundes, druckte meine Geschichten: Rock-Essays, fernwehmütige – Predigten? Reportagen? über ein Medium, das formal dem Staat als *Unterhaltungskunst* und unbedenklich galt, aber aufgeladen war mit – Subversivität? Was einmal wild gewesen ist, wirkt heute fromm, aber damals kroch man zwischen den Zeilen und schürfte verbotenes Erz. Und ich fand endlich ein WIR, Leser, mir verwandt, »My Generation«: DDR-Skeptiker und -Revisionisten um die Dreißig, deren guter Wille vagabundierte, weil sie ihr Land weder bauen durften noch zerstören wollten.

Die *Sonntag*-Redaktion ließ ihren Pastor gewähren. Anfänglicher Argwohn verflog: Hier schrieb, bei aller Stichelei, kein DDR-Zerschmetterer. Könnse mal zu mir reinkommen, sprach Wilfried Geißler, der Chefredakteur. Ihr Text zu Heyms *Ahasver*, sehr schön, bringen wir, ist das nicht übrigens Biermann, was Sie da so unvermerkt zitieren? Na, muß ich ja nicht wissen, aber das ZK hat uns diese Schnüffelkommission auf den Hals geschickt, wegen Kants Beschwerde über den Artikel von Wolfgang Sabath. Er sei nicht jedermanns Pinkelrinne, hat Kant gesagt. Da machen wir jetzt mal zwei, drei Wochen eine brave Zeitung, und dann kommt Ihr *Ahasver*.

So geschah es, so war der mittlere Mut. *Von oben* hätte jederzeit Order folgen können, dieser Autor habe zu verstummen. Oder der ganze *Sonntag*, dies Ventil- und Feigenblatt der *Intelligenz* mit seiner künstlich limitierten Auflage von etwa 20 000. Nichts passierte. Und so übte man weiter Glasnost-Glockenspiele, jeder Klang bereits ein Sieg, jedes frech gedruckte Wort eine Tat: *Es steht geschrieben.* Zensur macht gute Schreiber? Schöne Schreiber, das mag sein, wenn Ohnmacht sich als Verzicht besingt. Meine alten Texte schmecken sehr nach Regen und nach Mond, aber nicht jede tonale Vorliebe soll man politisch deuten. In einem waren wir einig, Schreiber, Leser und Zensoren: daß von Wörtern alles zu erwarten sei. Bloß was? Bloß wann?

Die Wende. Was seither geschah, ist noch zu jung, zu weich für die erzählende Gravur. Pastoren gab es jedenfalls genug im neuen Land, als wäre Politik nicht ein Verwaltungsberuf. Mit Staunen sah ich, wer da alles den Talar hinhängte, um statt der eigenen Gemeinde ein Volk anzupredigen, das man für's eigene hielt. Endlich wirken, endlich gelten! Bahne frei, hier siegt Moral! Nein, kein Spott über aufrechte Einfalt, da doch die protestantische Revolution im Sieg über die Lüge ihren einzigen Triumph gefunden hat. Nur waren, was *die Macht* betraf, die deutschen demokratischen Revolutionäre ungleich naiver als etwa ihre polnischen Vorläufer. Einzelnen – dem sozialdemokratischen Gutzeit-Meckel-Kreis – wurde allerdings zeitig klar, daß dieses Land durch Revision nicht zu heilen wäre. Im Frühjahr 89 besuchte mich Martin Gutzeit und fühlte mir oppositionell auf den Zahn. Er zog wieder ab und hatte wohl mein Handicap gespürt: daß ich immer allzugern begreife, was *ist*, statt zu planen, was werden könnte.

Die raschen Helden jener Tage sind heute enttäuscht, manche eitel, rechthaberisch vergrämt, denn wieder kam ein Staat, der wendige technische Eliten fördert statt der Moralisten. Die meisten Freunde blieben aber, was sie waren. Von ihnen, auf dem Lande, in den kleinen trüben Städten, wird heute weniger hergemacht als zur Zeit des oppositionellen Christentums, da der staatliche Unsinn seine Verächter von selbst mit Sinn versah. Heute leben wir von eigener Substanz. Das ist gesünder, trotz aller Klagen über die *Beliebigkeit*.

Mit dem Fall der Mauer endete mein halb und halbes Leben, das einerseits ertrug, was es anderseits beklagte. Schreiben wurde Beruf. Davon leben wollen viele. Ich hatte Helfer, die mich dem World Press Institute empfahlen, die mich zum *Freitag* holten und dann zur *ZEIT*. Ihnen danke ich. Ich weiß mir nichts Schöneres als

Geschichten zu erzählen für Leute, die so ähnlich sind wie ich. Enthüllungsjournalismus gelingt anderen besser. Ich neige zur Predigt. Man darf mich Paster rufen. Und reisen mußte ich. Ausrede verfing nicht mehr. Raus aus dem schönen Traum von unerfüllbaren Wünschen, weg von den Regenwörtern und Kerzen im Wind. Vierunddreißig: höchste Zeit! Ein halbes Jahr lang fuhr ich kreuz und quer durch *Amerika*. Dann flog ich nach Taiwan.

Ich landete, zurück in Ostberlin, an einem grauen Sonntagmorgen. Am Abend besuchte mich Vater, der zu einer Tagung nach Berlin gekommen war. Ich machte Stullen und öffnete Taiwan-Bier, ich zeigte Karten mit bunter Fremde und das Foto der jungen Frau und sprudelte fernöstliche Geschichten. Und dachte der fernen Abende, da wir Kinder ihn baten, nebenan am Schreibtisch noch ein wenig zu arbeiten. Wir schliefen dann besser ein. Durch den Türspalt sickerte Licht. Er hörte zu und lächelte, schüchtern. Alt war er geworden. Dann sagte er: »Junge, so wie du könnte ich nicht leben.« Nee, Vati, brauchst du nicht, das mache ich schon.

Frühjahr 1993

41

Radio Taipei

*»If you travel twice the sound
it's easy to get burned.«
(Crosby, Stills & Nash)*

»Jeden Abend!« hat Sophie gesagt. »Jeden Abend mußt
du an mich denken. Um sieben, Papa. Gleich nach
dem Sandmännchen denken wir aneinander.« Jetzt ist
es sieben in Berlin und zwei Uhr nachts in Taipei.
Der Mond hängt über Sunkiang Road. Die wimmelnde,
quirlige Stadt ist fast still. Langsam kühlt die Schwüle
in den Gassen, und im Hof fährt durch die Azaleen ein
frischer Hauch. Leise! Die Schiebetür darf nicht klap-
pern, sonst wacht der Hausbesitzer auf. Im Radio spricht
Mei-Huey über Wirtschaft. Die Story kommt vom Band.
Mei-Huey, die liebste Mei-Huey, liegt neben dem Radio
und schläft.

Kreuzberg, Mariannenstraße. Die Leute drängeln sich
im ARTU-Reiseladen. Frostnasen und Kutten, und alle
wollen nach Süden. Ein Vogelzug zum Winterschluß.
Die kleine Blonde zittert vor Fernweh. »Haste nich was
für mich? Spanien? Muß aber billig sein!« – »Wann?«
fragt Wolfgang Schernell, der freundliche Riese mit der
grauen Hippie-Mähne. »Morgen, na morgen gleich!« Der
Computer entscheidet. »Voll. Morgen geht gar nicht.
Alles voll.« – »Wann geht denn?« – »Na, vielleicht in
zwei Wochen.« – »Scheiße, Mann, so lange, Mensch, ick
halt det nich aus hier!«

Taipei ist jeden Tag voll, immer die Strecke Bangkok-
Taipei. Es klappt dann mit der Warteliste. Weißt du,
Reisende hält keiner auf. Noch einmal Halt in Frank-
furt. Auf dem Flughafen patrouilliert *Sicherheit* mit
Maschinenpistolen. Man soll sein Gepäck im Auge be-

halten, denn »*Saddam opfert sein Volk!*« Aziz in Moskau konnte nichts mehr stoppen. Um zwölf ist in der Flughafenkapelle Friedensgebet. Neun Menschen beten um – mein Gott, worum noch? *So fern der Ost ist vom Abend, ist unsre Sünd dahin.*

Und dann fliegt man und fliegt. Zwölfeinhalb Stunden lang klebt der Vogel am Himmel. Unter dir Indien, Pakistan, Vietnam – abstrakt, völlig abstrakt. Bangkok: ein Transit-Raum. Weiter, übers Chinesische Meer – endloses Wasser, das da unten stürmt in winzigen weißen Punkten. Und dann, nach vier weiteren Stunden, taucht braun und grau eine Insel auf: Formosa. Taiwan. Und du bist da. Und du wirst abgeholt. Und lauter Glück. Und Berlin kann dir so was von gestohlen bleiben.

»Jeden Abend mußt du an mich denken!« Ich denke hin und her. Ich muß zurück. Ich muß gar nichts. Hier findet mich keiner. Das hier ist weiter weg als Jonas Ninive. Und ich will auch bezahlen. Dies ist mein Ende der DDR. Ich weiß nicht, was kommt. Das gab's zu Hause nie.

Sie ist Chinesin, ich bin deutsch. Ein grober Stamm hat mich zur Welt gebracht – vielleicht zu rauh für dieses warme Wunder. Vielleicht erfriert es anderswo. Du kennst doch Berlin!

Ich wasche noch die Bambusschälchen aus. Es geht schon auf drei. Blaue Stunde, Zwischenzeit. Wie lange hin ist morgen? Das Radio spielt Tom Petty. *And I'm free, free fallin'.* Mei-Huey kichert im Schlaf. »Ich bin mondkrank«, flüstert sie, »mondkrank«. O Mond, du segelnder Trabant! Wir dachten, wir könnten nicht fliegen. Ich aber sage dir: Steig auf und lande!

März 1991

43

Die Heimreise

Diese Stille. Diese Dunkelheit, seit der Zug sich entfernte und sacht polternd mit dem Licht seines einzigen Wagens im Nebel verschwand. Die Füße wußten den Weg wie damals, vor fünfundzwanzig Jahren: die Bahnhofstraße hoch, am 900-Jahr-Stein vorbei, über den Platz der Freundschaft, wo winters die Weihnachtstanne stand.

Wo sind die Gänse? Hier an der Schmiede schossen sie aus dem Busch, die weißgefiederten Schwadronen, mit eklem Zischen und Hälserecken, daß man um seine nackten Waden rannte. Hier, die Dingelstätte, Thing-Platz der Germanen. Hier der Bäcker Knierim. Sag: ein scharfes Vierpfundbrot zu einer Mark und vier, und daß du mir ja nicht ... Natürlich fraß man ihn ab, den Kanten, den köstlich heißen Knust. Hier Friseur Hille, Fassonschnitt fünfzig Pfennig. Sag: Scheitel links, hinten kurz. Man mußte nichts sagen. Herr Hille sägte einem sowieso den halben Hinterkopf ab.

Hier die große Linde. Hier der Ratskeller des alten Schmagold, wo an heißen Sommertagen Kühlung zu beschaffen war. Schmagold winkte stumm mit gichtigem Finger, schlurfte zur Kellertreppe, führte hinunter in die Bier-und-Brause-Gruft und durchbohrte den grausenden Knaben mit Blicken wie rostige Messer. Dann streckte er die Klaue aus und krächzte: »Geld!«

Hier der Dorfsaal. Hier die kleine Schule. Hier das Haus von Endemanns. Schlag ihn, Ulli, stachelte der lange Endemann, die Harke, schlag den Paster. Da griff Küsters Ulli die rostige Harke und hieb dem Pastorensohn die Zinken in die Stirn, daß er blutüberströmt zur Erde fiel. Hilfe! Frau Eigenwillig stürzte herbei, die Gemeindeschwester. Sie klammerte, verband und seufzte, ihrerzeit habe man mit Reifen und Kreiselpeitsche gespielt. Ulli aber bezog von seinem Opa Heinrich Dresche und mußte ins Bett.

Wie man am nächsten Morgen so zur Schule schritt, bekrönt mit dem weißen Turban, da brachen die Herzen der stolzesten Frauen. Auch Ulli zeigte ehrlich Neid. Also vertrug man sich – bis zum Nachmittag. Dann behauptete Ulli, es heiße mitnichten »Eishockeh«, sondern »Eishockei«; auch müsse man »Kartoffelkombiene« sagen statt »Kartoffelkombein«. Das Gespräch spitzte sich zu, bis Ulli mit klaffender Schläfe am Boden lag. Auftritt Frau Eigenwillig: Seufzen, Klammern, Kopfverband. Anderntags wußten die Mädchen nicht, für wen sie sich entscheiden sollten. Ulli aber schiß in Pastors Garten, wurde entdeckt und verpetzt. Auftritt Opa Heinrich: Hosen runter, Dresche, ab ins Bett.

Opa Heinrich, der alte Rittmüller: Jahrgang 1890, weltkriegsversehrt am Arm, Landarbeiter, Geschirrführer, Küster, der den Kirchplatz säuberte, Kohlen trug, heizte und was sonst noch anfiel für monatlich 20 Mark (später gab's 35, zuzüglich kleiner Profite als Pelzhändler, falls auf dem Kirchboden ein Marder in die Falle ging). Vormittags und abends zog er die kleine Glocke, am Samstagabend das Dreiergeläut. Wenn er gnädig war, durfte man mitläuten. Das rief übers ganze Dorf: Die Woche ist um! Fahrt die Wagen in die Scheunen, versorgt die Ställe, spritzt die Gummistiefel ab, heizt die Badeöfen an! Der Sonntag kommt!

Am Sonntagabend des 24. März 1963 nahm Heinrich Rittmüller seinen ältesten Sohn Ernst mit in den Stall und wies ihm die Tiere an: Mit den Zicken verfährst du soundso, dannunddann schlachtest du das Schwein. Unser Stücke Land hat jetzt Weizen, nächstes Jahr muß Hackfrucht drauf. Ernst dachte: Was soll das jetzt? Ist denn der Vater man verrückt? Nachts um halb vier standen die alten Rittmüllers auf, um den Jüngsten zu wecken, der mit dem Frühzug zur Armee mußte. Heinrich hatte sich Tage zuvor bei der Friedhofsarbeit erkältet und bat seine Frau um eine Tablette. Als Martha mit dem Wasserglas aus der Küche kam, saß Heinrich still in seinem Sessel am Ofen. Mein Opa ist tot, meldete Ulli in der Schule mit eifrigem Unverstand, gestern war er noch perleputz. – Hast du ihn etwa gesehen? – Na klar, *so* saß er da, der Kopf ganz schief. Es stimmte also: Menschen starben, nicht nur Hühner und Bäume. Die Kirche erhielt elektrisches Geläut. Martha Rittmüller knipste einen Schalter, und der mächtige Dreiklang flog über Heinrichs Grab.

Wir zogen fort. Die Möbelwagen nahmen auf, was mitkommen konnte, und verschleppten es in die Stadt. Das Dorf blieb zurück. Es wurde kleiner, es versank, unversehrt vom Gang der Zeit und milde überglänzt von jenem Licht, »das allen in die Kindheit scheint und worin noch niemand war: Heimat«.

Da liecht dat lütche Dingelstedt
wie hennjemalt an'n Huy.
Et is dat schönnste Dörp der Welt,
dat könntche glöben, Lü.

Dann öffnete sich eine Tür. Licht fällt in den Hof. Eine Männerstimme, plötzlich wohlvertraut, sagt: Du bist es, na, da komm mal rein. Tu hier die Jacke hin. Hier sind Schlappen. Willste ein Bier? Haste Hunger? Mache dich ordentlich was drauf.

Da hat das Vierteljahrhundert aus dem jungen Ernst den alten Rittmüller gemacht und aus der Spitzmaus Ulli einen Feuerwehrmann von glaubhaft zwei Zentnern. Nee, sagt Ernst, das kannste nicht erwarten, das denke ja nicht, daß ich Herr zu dir sage. Für mich biste immer noch der kleine Kerl, wie du zum Sportschaugucken kommst mit deinem Notizbuch. Mönchengladbach ist ja nun schwach geworden. Aber Dingelstedt steht gut dieses Jahr. Fortuna Grün-Weiß heißen sie jetzt, wie früher, vor Traktor. 25 zu 3 Punkte haben sie. Aber morgen müssen sie nach Rhoden, zum Angstgegner. Du kennst ja noch die alten Zeiten mit Boxer Könnecke im Tor und Walter Klietz. Wenn der die Kugel auf den Schlappen kriegte, dann gab's Funken. Wie Dingelstedt noch Bezirksklasse war, da kamen manchmal sechshundert Leute auf den Platz, aus den ganzen Dörfern. Na, Ulli hat's nicht so mit Fußball.

Ulli sagt: Ich hab' Radrennen gemacht und dann Jugendtrainer. Wir waren ja damals sportlicher, nicht so mit Mädchen wie heute, wo sie schon mit sechzehn im Nest liegen. Noch'n Bier? Das Hasseröder erkennste nicht wieder, da ist jetzt Hopfen drin, kein künstlicher Bitterstoff. Ich bin ja nun bei der Halberstädter Feuerwehr, seit zehn Jahren. Damals waren wir dem Innenministerium unterstellt. Partei war ich also auch, bin dann zur Wende raus. Ich sag's dir, im Herzen bin ich Sozi, aber ich trete nicht ein, ich bin kein Wendehals. Was jetzt so passiert, mit den Nazis in Quedlinburg, wie die da rumlaufen können mit ihren Völkerverständigungskeulen, das ist doch ekelhaft. Der Staat muß Kraft zeigen. Bei so was wie in Rostock, da muß man reinhalten, gleich fünfen eins in die Kniescheibe.

Ich versteh die Chaoten nicht, sagt Ernst. Den Ausländern rollt doch dasselbe Blut in den Adern wie uns. Kannste dich noch an den alten Tom aus Anderbeck erinnern? Der war pechschwarz, den hatte irgendein Diplomat nach dem ersten Weltkrieg aus Deutsch-Südwestafrika mit hergebracht. Dem Tom ist nie was passiert, auch unter den Nazis nicht. Aus ganz Dingelstedt ist nicht einer abgegangen. Klar hat der Tom Spitzen gekriegt, aber das war's dann auch. Kennste noch Ilona, die Tochter? Die war doch bei euch Pionierleiterin. Jetzt spielt sie Opfer.

Das mit der Stasi ist hier nach der Wende nicht so schlimm gewesen, sagt Mutter Lydia. Jedenfalls nicht hysterisch. Man kannte ja seine Pappenheimer. Die waren unter sich, die Bauern auch. Wir konnten ja schon früher in den Westen fahren. Wir haben die drüben nicht beneidet. Die Hektik! Hier hat man ruhiger gelebt. Oma Martha ist 89 gestorben, kurz vor der Wende. Oben wohnt noch meine Mutter, die ist jetzt 94. Ulrich, nun geht man schlafen, morgen wird's auch wieder spät bei eurem Klassentreffen.

Nächtlicher Weg durchs Dorf. Ulli hat noch eine Junggesellenwohnung am Hohen Weg. Guck mal, sagt er in der Petristraße, das Haus da, das war meins. 410 Quadratmeter, gekauft für tausend Mark, mußte bloß auf Vordermann gebracht werden. 88 hatte ich die Schnauze voll. Wegen jedem Brett, wegen jedem Pfund Nägel mußtest du betteln und tricksen. Ich hab's verkauft für zweitausend. Hätte ich geahnt, daß ein Jahr drauf ...

Da sitzt man bei Ulli auf Bude und trinkt und staunt, daß man sich unterhalten kann nach so ewiger Zeit. Vater sieht alt aus, sagt Ulli. Dreiunddreißig Jahre lang ist er jeden Morgen um halb sechs durch den Wald nach Mönchhai gegangen, zum Betonwerk. Nach der Schicht hat er gemalert. Jetzt ist er Invalidenrentner, Samstag wird er sechzig. Mutter war auch im Betonwerk, als Eisenflechterin. Nachmittags hat sie den Garten gemacht. Die Klassenkameraden meiner Eltern aus dem Westen, die sind besser erhalten. Unsere hier haben doch alle den Totenschein in der Tasche. Das kommt nicht vom Faulenzen. Da hörste besonders gern, daß die Ossis erst mal arbeiten lernen sollen.

Nach der Wende bin ich wochenlang drüben mit dem Moped rumgefahren, nach Braunschweig, in Elm, überall. Wie ich die hundert Mark abholte, kam ich mir richtig vor wie der arme Ostler auf dem Arbeitsamt. Bei der Feuerwehr verdiene ich meine gute Mark. Ich muß eben zurechtkommen mit meinen 73 Prozent. Man muß auch ein bißchen bescheiden sein. Feuerwehr ist hart. Manchmal kratzt du die Leute stückchenweise aus den Unfallautos raus. Und die Wasserleichen. Aber wenn's brennt und du rettest dann so'n kleinen Scheißer aus den Flammen und gibst ihn den Eltern zurück, das ist das Größte. Na, schlafen wir. Ich muß morgen früh noch nach Braunschweig, zur Schützenübung. Ich bin doch Schießsportleiter im Schützenverein.

Schützentreue

Einer sagt, er könnt nicht schießen,
weil er keine Zeit hat mehr,
denn er sei in sechs Vereinen,
und das Kommen wird ihm schwer.

Wieder einer klagt sein Leiden:
Seine Frau, sie führt das Wort.
Weil er abends spät nach Hause,
ließ sie ihn jetzt nicht mehr fort.

Weiter gings so durch die Reihen.
Jeder hat 'nen andren Grund.
Einer saß im stummen Schweigen,
und er hielt noch seinen Mund.

Plötzlich sprang er hoch vom Sitze,
rief, daß jeder deutlich hört:
»Wenn euch alle nicht verstehen,
seid vernagelt und betört.

Was schern mich sechs Vereine,
was der Frau ihr böser Mund?
Bin ein Schütz und werd es bleiben,
treu dem deutschen Schützenbund!«

Überall im Dorf prangen an den Giebeln die königlichen Scheiben. »Jeder unbescholtene, ehrbare Bürger kann Mitglied der Schützengesellschaft werden.« Dies Recht ward wacker erkämpft. Dingelstedter Widerstand in roter Zeit: Seit 1928 ruhte der Schützenverein. Einzig der Ortschronist Ernst Wesarg (heute 95) wußte noch alte Mär zu singen: »Der Duft des welkenden Laubes, vermischt mit dem Karbidgeruch der Lampen, die abends die Buden und Karussells erleuchteten, gehört in unserer Erinnerung noch nach Jahrzehnten zum duftenden Fluidum des Festes« – wie der Schützenzug, wie das Heimbringen von König und Fahne ins Quartier, wie die »weichen Weisen der Tanzmusik. Und erst im Morgengrauen wankten die Unentwegten heimwärts.«

1972 wagte man unter Führung von Werklehrer Karl Bierey konspirativ den Neuanfang. »Die alte Schützenkette, lange gepflegt, und die versteckt gehaltene Schützenfahne wurden geheim erkundet. Trotz des Baues eines Waffenschrankes aus Eisen und Beton, genannt ›Bank von England‹, auf dem Hausboden der Oberschule, erreichbar durch fünf verschlossene Türen, waren zu damaligen Zeiten die Sicherheitsbestimmungen nicht erfüllt.« Vierzig bange Helden saßen in Schmagolds Ratskeller und planten den Staatsstreich. »Vieles wurde abgewogen. Einige Unentwegte machten sich stark und entschieden sich dafür. Wird dies gutgehen?«

Es ging. »Damit war der Bann gebrochen.« Die Schützenfahne hatte man zum Festumzug reich garniert mit staatlichem Geflatter: DDR- und SED-Fahnen, Standarten von FDJ, Gewerkschaftsbund und GST. Jedes Jahr ließen wir eine weg, sagt Ernst Rittmüller, bis zum Schluß nur noch die Schützenfahne übrig war. Willste unsere Uniform sehen? Lydias Einspruch wird abgewiesen: Sei froh, daß dein Mann so ein Hobby hat. Andere Männer treiben sich rum. Ulli war 1980 König, sonst aus eurer Klasse bloß noch Eberhard Lindemann. Der hat's ja bis in den Zentralrat der FDJ geschafft. Du kannst weiter mitmachen, hab' ich ihm jetzt gesagt. Aber nicht in der ersten Reihe. Die Zeiten, wo du vorneweg marschierst, die sind vorbei.

Hiermit eröffne ich unser Klassentreffen, sagt Eberhard. Vor dreißigeinhalb Jahren wurden wir eingeschult, vor zwanzigeinhalb Jahren kamen wir raus. Heutzutage fallen ja manche Lebensläufe gern etwas kürzer aus. Vielleicht kann trotzdem jeder sagen, was aus ihm geworden ist. Ich war Oberschullehrer für Mathe und Physik und später beim Zentralrat der FDJ. Jetzt habe ich den Laden meines Vaters übernommen.

Dieter Dreikant ist beim Zoll; *Verbeamtung* steht bevor. Klassenprimus Bernhard Müller: Elektriker in Oschersleben. Rüdiger Nolte: Reichsbahnschlosser. Zieta Müller: Schlosserin ... Lauter fremde Leute.

Bist du das, Angelika, mein blonder Schwarm? Weißt du noch, Seilspringen im Sport, wie ich die Fünf fing, und du, ganz schnippisch: So was will nun Torwart sein! Ich litt, ich trainierte eisern eine Woche lang. Zur Wiederholungsprüfung war ich Seilakrobat – vergeblich. Du sahst es nicht, du fehltest: Ziegenpeter. Hast du Kinder? Vier Töchter, und arbeitslos. Manche Leute nennen das asozial? Laß dich mal drücken.

Konni, alter Junge, erzähl mal was. – Zu Ostzeiten hatte ich vier Jobs zugleich: Heizer, Fahrlehrer, Spoiler-Produzent für Trabis und Altstoffhändler. Das letzte ist geblieben, hier meine Karte, »Czerlis Containerdienst«. Kreisumweltbauftragter bin ich auch. Du mußt mal über die westliche Müllmafia schreiben, Rethmann und solche Leute, die haben hier im Kreis die kleinen Recyclingfirmen kaputtgemacht, alle, bis auf meine. Zwei Fahrer hab' ich, vier Laster und einen Haufen Schulden. Früher hatte ich einen Kunden, den Staat, der war vielleicht ein bißchen dämlich, aber er zahlte. Jetzt muß ich mein Geld einklagen. Alles dreht sich ums Geld. Traurig.

Reinhard, du hast es geschafft. Elektromeister, selbständig seit der Wende. Das Geschäft läuft. Du konntest ja Hinz und Kunz im Kreis aus deiner Fahrenszeit als mobiler Monteur. Nette Frau hast du, und nein, keinen Pfennig gibst du für Afrika, weil man doch die dortigen Probleme vor Ort bekämpfen muß, nicht mit hiesigen Almosen.

Eberhard, hock dich mal her. Wie kam das mit der FDJ? – Du weißt doch noch, die Oberschulreform, Verkürzung auf zwei Jahre. Da wurden Lehrer überflüssig. Die jüngsten sollten gehen, ich auf irgendeine Dorfklitsche. Da hab' ich mich im Suff an der Brust eines FDJ-Menschen ausgeheult. Der sagte: Komm zu uns. Ich wurde Organisator und stieg immer höher. Den großen Pfingstaufmarsch 1989 in Berlin, den habe ich organisiert. – He, Eberhard, gib's zu, du mußtest 'ne halbe Million Kondome besorgen! – Frechheit, ruft Eberhard, die FDJ hat immer blank gekämpft. – Mit Vaters kleinem Laden sieht es nicht gut aus, wenn Hans-Heinrich Heydecke den großen Konsum wieder aufmacht. Und so ein Riesenkredit zum Bauen ... Bevor ich mich mit einer Million Schulden aufhänge, mach' ich das lieber ohne.

Da kommt ja Frau Schmädig. Warum war sie zuerst nicht eingeladen, die *linientreue* Klassenlehrerin, kalt entlassen, als hätte es keinen Unterschied gegeben zwischen den roten Drachen der Ideologie und solchen DDR-Erziehern, die vor allem Kinder liebten. Fahnenappell zum Schuljahrsschluß: Pioniermedaillen für die Besten. Nichtpioniere wurden übergangen – anderswo, nicht bei Ingrid Schmädig. Die überreichte stattdessen ein Buch. Direktorin zu werden, lehnte sie lange ab, sonst hätte sie ihres Mannes Westverwandtschaft nicht mehr einladen dürfen. Ich bin links eingestellt, sagt sie, ich werde es immer bleiben. Ich habe jetzt eine ABM, schreibe an der Ortschronik, mache einen Tanzkurs für Senioren, früher hätt' ich Rentner gesagt, und ... Und ist bitter über jene, die im Schuldienst bleiben durften, obwohl sie *damals* andersrum geredet haben.

Dann schnattert alles durcheinander. Der Westen nimmt uns doch nur als Absatzmarkt. Die werden sich noch umgucken nach unserer Kaufkraft, wenn nächstes Jahr die Dorferneuerung ausläuft mit den ganzen ABM-Stellen. *Wir* werden uns umgucken, nicht die. Siehste doch, wie die Vorruheständler durchs Dorf schleichen, wie alte Sheriffs, die haben Sachen auf dem Kieker, das hat sie früher völlig kalt gelassen. Die LPG ist doch auch halbtot mit ihren zwanzig Mann und tausend Hektar, der Bothe hat allein schon fünfhundert zu zweit. Und die Betonfabrik, noch achtzehn Leute, früher über achtzig. Aber die Mehrzweckhalle ist gut geworden. Kindergarten und Krippe hat auch nicht mehr jedes Dorf.

Die Westler, alles Stiesel. Kannste so nicht sagen. Sprechanlage an der Tür ist wichtig, wegen der Hausierer. Ich sage immer: Geben Sie dem Hund fünfzig Mark, dann passiert nichts. Jeder muß nach seiner Fasson selig werden. Slapen, freten, supen, langsam gahn un pupen: dat sleit ahn. Ich werd' mir noch mal die ganze Bibel reinziehen, von vorne bis hinten, dann kannste nämlich mitreden. Mein Opa hat immer gesagt: Kino, Kirche und KZ sind die größten Verdummungsanstalten der Menschheit. Wie spät ist das? Halb drei? Hol mal noch 'ne Trommel Bier. Weißte noch, der dicke Gill? Weißte noch, Brigitte Pitt mit ihrer Kindersprache? Die hatte doch so früh den ersten Freund und sagte: Aber tüssen tanner! Was du alles noch weißt, das haste dir nur aus Heimweh gemerkt.

Es fehlen: Angelika Jirka (verzogen nach Görlitz), Christine Groeger (Nachtschicht im Pflegeheim Huysburg), Karin Lübbe (gestorben an Lungenentzündung), Martin Fischer, der Klassenklopper (totgetrunken), Hans-Martin Hartlep (totgetrunken), Volker Oehmichen (tödlicher Verkehrsunfall), Monika Wiedenbach (ermordet), Agnes Joachim (Selbstmord, als sie dreizehn war).

Dingelstedt am Huy, Landkreis Halberstadt, 1 800 Einwohner. Germanisches Haufendorf, erstmals erwähnt im Jahre 1057 als »dilgistetin« in einer Bezirksurkunde, dem Domstift zu Goslar ausgestellt von Papst Viktor II. Reiche Chronik: Mittelalter, Bauernkrieg, Schwedenzeit. Kriegerdenkmal, Helden in der romanischen Kirche: Königgrätz, 70/71, 14-18. Teure Tote, Schützentreue. Üb' Aug und Hand fürs Vaterland. Wenn auch verwittert die Gestalt, ein Schützenherz wird niemals alt.

Ächzend führt die Stiege auf den Turm. Die mittlere Glocke hat einen Riß. Wie klang sie? Schlag sie an. Plötzlich, déjà vu, die Kinderangst. Da sind sie wieder, die Schritte, der klopfende, pochende Gang. Nicht näher! Bitte!

Da lachte der alte Rittmüller und stieß die Tür zu einer Kammer auf. Die Uhr. Wie sie so unverändert läuft und läuft, da hat man doch richtig gehört, damals wie heute. Tief unten liegt das Dorf. Die Hähne krähen, die Hunde kläffen, die Sägen kreischen. Es ist Montag im Jahre vier, im Jahre neunhundertsiebenunddreißig. Die DDR war eine Zeit und kein Ort. Alles bleibt – fast alles. Friede den Gänsen.

Februar 1993

Amboß oder Hammer sein

SUPER! Wie Peter Bartels den Osten liebgewann
(und der Osten ihn)

*Und wenn Hurerei und Blut abgeschafft werden,
wo, zum Teufel, sollen wir dann bleiben?
(William Falkner: Wendemarke)*

Drei Tage lang die *SUPER*-Redaktion beobachten? Unmöglich, befand Chefredakteur Bartels. »Es liegt nicht
an Ihrer Zeitung. Wenn man in der *ZEIT* vorkommt,
ist es ganz egal, ob man geohrfeigt oder gestreichelt
wird.« Aber sein junges Team, das »hier im Osten gegen
den Riesen *Bild* angetreten ist«, bedürfe dringend der
Ruhe, und dauernd schneiten Hörfunk, *Spiegel-TV* et
cetera herein. Ein Tag, das sei vielleicht drin. »Ich lade
Sie ein. Rufen Sie mich Freitag an.« Es wurde Freitag.
»Ich muß die Redaktionskonferenz fragen.« Zwei Stunden später das Donnerwort: »Herr Dieckmann, wir wollen Sie hier nicht.« – »Dann müssen wir uns allein
unterhalten.« – »Sie reden doch gerade mit mir.« – »Aber
ich muß Sie sehen. Am Wochenende?« – »Ich hab' nur
Samstag ein bißchen frei, das brauche ich.« – »Trinken
wir mal ein Bier?« – »Ich trinke kein Bier.« Gemein-
sames Frühstück sei das Äußerste, »Montag um sieben«. Es wurde Montagfrüh. Bartels kam nicht; er suchte,
laut Sekretärin, Wohnung in Ostberlin. Abends um neun
empfing er zum glücklichen Schluß – unter einer Gau-
guin-Reproduktion, nicht in seinem Büro mit den Fotos
von Bartels' Großwildjagden. Auch trug er nicht die
schwarzrotgoldene Krawatte (»Nur am Einheitstag«).
»Ich kann nicht in Ihr Herz schauen«, sagte er, »wollen
Sie mich aufs Kreuz legen und enthüllen, was für ein
Idiot bei *SUPER* als Chefredakteur herumläuft?«
   Peter Bartels, Jahrgang 1943, begann seine Journa-
listenkarriere als Volontär einer Lokalzeitung, war dann

Polizeireporter bei *Bild*-Stuttgart und drei Jahre beim Kölner *Express*. Seit 1974 ständig bei *Bild*, hat er drei »Fluchtversuche« unternommen – zum *stern*, zum *Spiegel* und zur *Bunten*. Aber Springers Talentevater Günter Prinz sagte ihm: »Da gehst du ein. Die denken und arbeiten anders.« – Prinz baute ihn auf für den Kultur- und Gesellschaftsbereich. »Meins war eigentlich immer die Gesellschaftsschlagzeile«, sagt Bartels, der sich bei *Bild* »wie ein Fisch im Wasser« fühlte. Vom 1. Juni 1989 an teilte er sich mit Hans-Hermann Tiedje die Chefredaktion.

Der Boom von *Bild* im Osten brachte Burda auf den Gedanken einer eigenen »Kaufzeitung«. Nur für den Osten gedacht, sollte sie den Ost-West-Spagat vermeiden, den Barbara Held und Thomas Simeon kürzlich analysiert haben (in der Studie »Neue Vielfalt am Kiosk?«, durchgeführt am Fachbereich Kommunikationswissenschaften der Freien Universität Berlin): »*SUPER*-Zeitung ist da, weil die Menschen hier ein Sprachrohr brauchen. Für ihre Sorgen und ihre Freude. Für ihr Glück und ihre Tränen«, so beschrieb Hubert Burda in der ersten Nummer sein hohes Ansinnen. Daß es »sich rechnen« würde, besagtes Rohr billig zu leihen, hatte Burda schon am überragenden Erfolg der *Super-Illu* bemerkt (Auflage 900 000, Preis 1,00 DM), einer nur im Osten vertriebenen »Kompaktillustrierten«, deren Programm mit »Stasi raus – Sex rein« hinreichend beschrieben ist.

Auch *SUPER* bemühte sich unverzüglich um ein Niveau, das *Bild* fast Literatur scheinen läßt. Wie sich *Bild* und *SUPER* seither um den journalistischen Klärschlamm stritten, das hat Verächtern beider Blätter schon viel Freude bereitet. »Angeber-Wessi mit Bierflasche erschlagen« hieß eine berühmte *SUPER*-Schlagzeile und eine andere: »West-Frau lachte über nackten Ossi: Kehle durchgeschnitten«. »Schlappschwanz«, hatte die jäh Vollendete gesagt und folglich ebenso den gerechten Tatendrang des Ostdeutschen auf sich gezogen wie Helmut Kohl die Eier von Halle: »Klatsch, klatsch, das saß.«

Mit der unverfrorenen Strategie, durch Westjournalisten Ostzorn zu simulieren, erntete *SUPER* östliche Leserschaft und westliche Empörung. »Der Stil dieser Zeitung ist schlimm«, befand Theo Waigel – in *Bild* –, »er trennt, statt daß er versöhnt.« *SUPER* hatte überzogen und machte auf dem Hacken kehrt: »Kanzler Löwenherz und die Frage, wie zornig darf ein Staatsmann sein?«, »Kanzler, stopp den Wahnsinn. Zeig die Fäuste noch mal«, »Was in Halle wirklich geschah: Attentat«. Seither zielen die *SUPER*-Titel mutig auf sichere Objekte: »Armer Rentner weint: Mittag nahm mir meine Wohnung weg«. Und nach dem Honecker-Interview: »Wir haben gekotzt und gelacht«. Zweite Schlagzeile: »Orgasmus-Report: Plaste-Fred kommt«. Man gönnt sich ja sonst nichts.

»Meins war immer die Gesellschaftsschlagzeile«, sagt Peter Bartels. Angeber-Wessi und Eier-Kohl waren allerdings noch seinem Vorgänger Franz-Joseph Wagner, dem Chef von Burdas *Bunte*, eingefallen. Bartels ist seit dem 1. Juli im Amt.

Seither hat *SUPER* ständig an Auflage zugelegt und verkauft, à dreißig Pfennig, täglich eine halbe Million Exemplare, was ungefähr dem Absatz von *Bild* im Osten entspricht. Wenn man davon ausgeht, daß jede Zeitung in der DDR von drei Personen gelesen wird, lassen sich Tag für Tag anderthalb Millionen Menschen von *SUPER* in einer Identität bestärken, die sie doch überwinden sollen: schlechthin Ostler zu sein.

Obermeister ihres Zentralorgans, das zu etwa achtzig Prozent von Westlern gemacht wird, ist in Bartels ein Mann, der vor dem Fall der Mauer nie in der DDR war. »Aus Prinzip nicht. Ich hätte nicht garantieren können, daß ich mich nicht am ersten Vopo vergreife. Ich hatte mir gesagt: Solange die roten Knobelbecher an der Grenze stehen, gehe ich da nicht rüber.« Als dann die DDR hinüberglitt ins einig Vaterland, hat ihn am meisten überrascht, »daß der schönere Teil Berlins im Osten liegt«.

Ob er ein Zyniker sei? Nein, sagt er, eigentlich nicht. Impulsiv, auch oft verletzend sei er; hinterher möchte er die Gekränkten umarmen. »Ich bin ein Menschenfreund. Immer konkret, manchmal philosophisch. Ich

56

liebe nichts so sehr wie die Menschen.« Zwei »Feind-richtungen« habe *SUPER*: die DDR-Vergangenheit und die Gegenwart in Bonn, was die Stasi- und Bonzen-krake meine und jene »politischen Würdenträger, die die Menschen im Osten mit Almosen zufriedenstellen wollen. Diese Zeitung ist sehr konsequent im Schul-terschluß mit den Menschen hier.« Es gibt das Wut-Telefon, es gibt die Job-Börse, und fürwahr, der Leser weiß von ungewöhnlicher Einfühlung in hartes Geschick. Im Sommer wurde die »Bestie von Beelitz« gefaßt, ein Serienmörder namens Schmidt. *SUPER* ließ »die Braut der Bestie« minutiös die letzten Intimitäten in Freiheit schildern. Und da auch die Bestie nur ein Mensch ist, gewährte *SUPER* ihr den Wunsch nach einem Foto der entblößten Geliebten: in Farbe auf Seite 1, mit einer kleinen schwarzen Blende über den Brüsten, die Mörder Schmidt gerne »Möpse« nannte.

Ob er, Bartels, damals Bölls »Katharina Blum« ge-lesen habe? Klar, sagt er, alle bei Springer hätten das Buch gelesen. »Und was hat Ihnen das gegeben?« – »Gar nichts. Es war ja Fiktion. Jede Zeitung ist jeden Tag in der Gefahr, eine Existenz zu vernichten, auch die *Süddeutsche*, auch die *ZEIT*. Und wer garantiert, daß sich nicht jemand nach der Lektüre von ›Momo‹ leise aus der Welt verabschiedet?«

Es ist ein kurioses Gespräch. Ich werfe ihm Volks-verhetzung vor, er mir Hochmut, denn er hat doch das Volk auf seiner Seite. »Zeitungen machen keinen Trend. Sie folgen ihm. Es gibt keine Massenzeitung, die nicht versucht, ihre Leserschaft über Opportunismus zu er-reichen. Mein Ideal ist Freiheit. Ich habe einen Horror davor, daß Minderheiten Mehrheiten majorisieren wol-len. Die Mehrheit in der DDR wollte den Westen. Die Ideologie des Westens war die Brücke, über die sie mußten, was ihnen auch gar nicht schwerfiel. Der We-sten, das war Coca Cola, das war Hamburger, und das war Mallorca. Und da sind sie auch überall, und das fressen sie auch alle. Und sie fühlen sich wohl dabei. Na und?«

Peter Bartels befindet sich mit *SUPER* in einer Werte-welt, die Absatz zum Maß der Dinge nimmt. Er hat ein Alibi: Boulevardzeitungen seien ein Sekundärmedium, nicht Ideologieträger. »Die Leute sollen bei ihrer Zeitung bleiben, und uns sollen sie zusätzlich kaufen.« Wo andere Bürden der Seriosität schleppen, da hat man's selbst notfalls nicht so gemeint: »Die Asylanten kommen. Der reiche Westen schickt uns die Not in Bussen.« So der Titel vom 9. August. Spätestens nach Hoyerswerda war bei *SUPER* klar, welchen Geistern man zuvor nicht wehrte. Ausländerhetze sollte man dem Blatt nicht unterstellen; die sucht es jetzt wegzufiltern. Aber sonst verwüstet *SUPERs* wüster Ton im Osten die Seelen. Wo Blätter wie *Bild* im Westen längst als geräuschige Übertreibung begriffen sind, liest man im Osten noch eins zu eins. Presse-Pluralismus, Bartels' Alibi, existiert dort noch nicht psychisch, nur formal. »Unsere Menschen« sagte die SED, »wir« sagt *SUPER*. Wo die Kommunikation des Ostens zusammenbrach, baut sich diese Zeitung auf. »Die Macht der Presse besteht darin, daß man ihr Macht unterstellt.« Peter Bartels ist kein Zyniker.

Anne-Katrin Losensky. Den Namen hatte ich mir damals gemerkt, vor Haß, und ihr Schandstück aufgehoben: »Die Story heißt Tumult«, *BZ am Abend* (jetzt *Berliner Kurier*) vom 9. Oktober 1989 und tags darauf im *Neuen Deutschland* abgedruckt: »Wer sind diejenigen, die laut schreien nach Freiheit, Demokratie? Gestern nacht in der Schönhauser Allee: Johlendes Geheul begleitet das Vorrücken der Polizei. Ein Kind neben mir bittet: Mama, ich will nach Hause. Was ist das für eine Mutter, die ihr Kind statt dessen mit hineinreißt in den Strudel? ... Einer brüllt ›Keine Gewalt‹ und greift zum Stein ... Denn sie wissen nicht, was sie tun?«

Sie wußte nicht, was sie tat mit diesem letzten berühmten Hetzartikel vor der Wende in der DDR? Anne-Katrin Losensky, 1959 geboren, war ein DDR-Musterkind: Vater Offizier, Mutter Zivildienstangestellte bei der Volksarmee. Nie hatte Anne-Katrin Konflikte mit der Staatsmacht, nie wurde ein Freund von der Stasi abgeholt. Seit 1982 war sie in der SED. Zur Kirche, zur Opposition gar fehlte ihr jeglicher Kontakt. Am

Abend des 7. Oktober 1989, des vierzigsten *Republikge-burtstags*, beobachtete sie für eine Stunde den Polizei-einsatz gegen Demonstranten und Mahnwächter an der Ostberliner Gethsemanekirche. Ihr Feindbild stand fest. Während die Polizei festnahm und prügelte, fuhr sie heim und schrieb ihr staatsschützendes Werk, für das sie vom Chefredakteur hundert Mark Prämie bekam. Die hat sie später für ein Kinderheim gespendet.

Ihr »totales politisches Versagen« war ihre Wende. Anrufe, Briefe, Drohungen häuften sich. »Ich dachte: Mein Gott, unter deinem Namen kannst du nie wieder schreiben. Ich habe zwar niemanden umgebracht, aber viele beleidigt und verhöhnt.« Dann wollte sie »einen Teil dieser Schuld abtragen«. Die Basisdemokratie des Rundes Tisches beeindruckte sie. 1990 sei ihr inten-sivstes Jahr gewesen. Im November wurde aus der *BZA* der *Kurier*. Gruner + Jahr als verlegerischer Junior-partner von Maxwell installierte eine westliche Lei-tung. »Die Übernahme war wie eine Okkupation. Die meisten Kollegen ließen sich das stillschweigend ge-fallen.« Sie lehnte ein Angebot der Ressortleiterin ab, auch weil ihr der neue Boulevard-Kurier nicht gefiel. Sie verließ den Berliner Verlag im März 1991 und ließ sich von den Burda-Redakteuren Kryszon und Balsin-ger für das *SUPER*-Projekt gewinnen. Ein seriöses Bou-levard-Blatt sollte das werden, ähnlich der *Münchner Abendzeitung*. Nach etlichen Machtkämpfen im Hause Burda setzte sich Franz-Joseph Wagner mit seinem Plan einer Tagesillustrierten durch. *SUPER* wurde, was es heute ist.

Nun steckt Anne-Katrin Losensky wieder voller Zwei-fel, »und diesmal kann ich nicht sagen, ich hätte nichts gewußt«. Sie berichtete für *SUPER* vom Mauerschüt-zenprozeß. Sie schrieb über zwei Mütter, die des Toten Chris Gueffroy und die des Grenzsoldaten Andreas Kühn-past. So ginge das gar nicht, erfuhr sie; es erschien dann unter ihrem Namen ein Bericht aus Agenturma-terial. Daß *SUPER* wieder und wieder Gueffroys Lei-chenfoto druckt, findet sie furchtbar.

»Die meisten werden zum Zyniker«, sagt sie. »Ich wollte immer Leute bessern in der DDR. Ich wollte

59

bei *SUPER* Menschen auf dem Weg in die Einheit begleiten. Jetzt muß ich mir wieder Konsequenzen überlegen, und in dieser Situation haben Sie mich angetroffen.« – »Ihr Chef hält was von Ihnen. Er sagt, Sie hätten einen Kopf zum Denken.« – »Bartels ist ein sehr guter Blattmacher, aber natürlich in seiner Ausrichtung.« Wenn sie kündigte, würde sie das Heer der 6 000 arbeitslosen Berliner Journalisten verstärken. Zwei Kinder hat sie, sechs und neun. »Wissen die, bei was für einer Zeitung Sie arbeiten?« – »Um Gottes willen, *SUPER* und *Kurier* kommen mir nicht ins Haus!«

»Was darf ich davon schreiben?« – »Ach, alles«, sagt sie. »Meine Kollegin hat mich schon gewarnt, Sie wollten mich bestimmt als großen Wendehals entlarven. Schreiben Sie ruhig alles.«

P.S.: Kurz darauf wurde Anne-Katrin Losensky Chefreporterin bei *SUPER*.

Oktober 1991

Das Ende

»Der Osten weint!« würde *SUPER* titeln – wenn es *SUPER* noch gäbe. Doch ach! Sie ist nicht mehr, Deutschlands instinktivste Zeitung. Folglich konnte der Osten auch nicht weinen. Am letzten Freitag gab Burdas Zentralorgan für gesundes Volksempfinden – den Geist auf, hätte man fast geschrieben.

Schuldig an diesem Tod ist nicht Rupert Murdoch, Burdas Kompagnon, der die Verluste nicht länger zu tragen wünschte. Schuldig sind die Ossis, deren Blödheit nicht reichte, die Postille in profitabler Menge zu erwerben. Ost-Frust, im Wir-Stil verfaßt von westlicher Feder, das verlor rapide an Delikatesse – ein erstes Indiz für den moralischen Aufschwung Ost.

Ein paar Tränen flossen aber doch, in der Ostberliner *SUPER*-Redaktion. Als Burdas Exekutionskommando, von München kommend, eintraf, rechnete die *SUPER*-Mannschaft mit Umtrunk und Schulterklopfen. Fehlgedacht. Es bleibt die Erinnerung an fünfzehn Monate markanten Journalismus. *Bild* indessen, die altböse Feindin, feierte mit Gepränge ihren 40. Jahrestag – wie kurz vor Ultimo die DDR. Deren Schicksal für *Bild* – da könnte man auch bei Burda wieder lachen.

Juli 1992

61

Die Schafe im Wolfspelz
Dynamo Dresden spielt mit seiner Vergangenheit

Noch lächelte das Orakel, aber es drohte schon. »Über Torsten Gütschow gibt es tausend Geschichten. Und es werden täglich mehr.« Schöpfer dieser Zeilen im *Dynamo-Journal* war Ende letzten Jahres Gert Zimmermann, Stadionsprecher bei Dynamo Dresden und Kolumnist der *Morgenpost*.

Am 24. Januar lud Zimmermann, genannt »Windhund«, Torjäger Gütschow in die Redaktion, wo dieser erfuhr, er sei als Stasi-IM »Schröter« entdeckt. Gütschow erbleichte, rief seinen Vereinspräsidenten an und machte Meldung. Der Rest war Schlagzeile: Schock, Skandal, der Held ein Lump! Gütschow: Rücktritt vom Fußball! Dementi, Verkauf nach Spanien, Widerruf, Beistand durch die Mannschaft, Zusammenbruch der Ehefrau – ob der Enttarnung, nicht wegen der Spitzelei, von der Andrea Gütschow zehn Jahre lang wußte. Auch andere bekannten sich schuldig: der Stopper Lieberam, der Mannschaftsarzt Klein, der Masseur Friedl, frühere Dynamo-Spieler wie Trautmann, Schade und Weber. Unterdes schwappte die Stasi-Woge weiter, erreichte Rostock und machte nasse Füße auch in Hamburg, Leverkusen und Rom. Jörg Kretzschmar von Hannover 96, früher Dresden, hatte behauptet: Wohl jeder wichtige Spieler aus Mielkes Sportvereinigung Dynamo habe Dreck am Stecken. Besser hätte er gesagt: Jeder Ost-Fußballer war DDR-Bürger.

Das Tribunal findet statt. Es wird gestritten, daß es »nur so bufft und kracht«, wie man in Dresden sagt. Mikrokosmos Fußball: Alles, was sich derzeit abspielt in der DDR, ist in dieser kleinen Welt zu finden – die Eruption lange angestauter Geschichte, Täter, Opfer, Opfertäter, Angriff, Defensive, Zerknirschung und

Clansmoral. Früher: Deckel drauf! Jetzt: Da müssen wir durch!

Und möglichst ohne Westpresse. Hundertmal telefonisch abgewimmelt, fand sich beim hundertersten Mal das treffende, das östliche Wort an Dynamos Präsidenten: »Herr Ziegenbalg, sagen Sie mir mal am Telefon gar nichts.« (Er war aufs Äußerste davon entfernt.) »Ich komme nach Dresden, Sie schauen mir ins Gesicht und entscheiden dann völlig frei.« »Ja«, rief Ziegenbalg ins Autotelefon, »ja okeh denn, aber äh ...« Es knirschte, es krachte, Ziegenbalgs Organ verscholl in den Alpen bei Radebeul.

In Dresden angelangt, stand schon Konkurrenz auf der Matte: »Hallöchen, ich bin die Nervensäge von *SUPER!*« Dies war das falsche Entré. Die *SUPER*-Säge flog raus, entfernt von Frau Sylvia, der Clubsekretärin. »Erst putzen Se sich mal die Schuhe ab, dann gehn Se und lernen Benimm, und dann melden Se sich an wie der junge Mann hier!«

Ziegenbalg, was Wunder, weiß gar nichts. Dringend hat er Akteneinsicht für alle Akteure des Clubs beantragt und geht, bis zum Erweis des Gegenteils, davon aus, »daß niemand jemandem wirklich geschadet hat«. Diese Formel ist allseits Konsens, und eines weiß jeder: Im Westen haben sie keine Ahnung, wie das im Osten gelaufen ist mit dem Fußball.

Der Trainer bestätigt das. Helmut Schulte, Sauerländer und zuvor am Ruder des FC St. Pauli, hat in sieben Monaten Dresden viel gelernt. Als erstes: »Wo früher der Knüppel herrschte, kann man nicht gleich mit langer Leine regieren.« Total unselbständig seien die Spieler gewesen. »Individualität wurde ja nicht gefördert, sondern kaputtgemacht.« Dem Leitwolf eins drauf, dann spurten die anderen. Andererseits gebe es in Dresden noch richtige Kameradschaft. »Die steckten ja dauernd zusammen.«

An der Stasi-Debatte stört ihn, wie im Westen über einen Kamm geschoren wird. »Stasi ja oder nein – das funktioniert hier überhaupt nicht. Hier muß man differenzieren: Ging's um die Karriere? Ging's um Geld? Oder war das nur so'n armer Willy wie Lieberam, dem

63

die gesagt haben: Entweder du vereierst bei Stahl Riesa, oder du unterschreibst und darfst dafür zu Dynamo.« Viel mehr ekelt sich Schulte vor Leuten, die nach den Schwächen junger Spieler forschten, um dort hineinzustoßen. Ansonsten: »Im Westen mußt du auch mit Arschlöchern spielen, die sind oft noch schlimmer. Bloß was da passiert, ist eben gesellschaftsfähig, so ähnlich wie Ehebruch.«

Torsten Gütschow, nach seinem Hamster »Horschtel« gerufen, war knapp zwanzig und grenzenlos verknallt in Andrea. Die Stasi nahm ihn zur Brust und erklärte, das Mädchen sei kein Umgang für einen Dynamo-Spieler. Gütschow erfuhr, Andreas Eltern gehörten einer kriminellen Bande an und planten obendrein, nach dem Westen auszureisen. (»Das stimmte dann gar nicht.«) Außerdem ziehe man ihn demnächst zur Armee – es sei denn, seine Treue zum sozialistischen Vaterland schlüge auch literarisch zu Buche beziehungsweise zu den Akten des MfS.

Gütschow versuchte die große Terz: Andrea, Dynamo und die empfohlene Liebe zur DDR. Am 20. Mai 1982 unterschrieb er seine Verpflichtungserklärung als Informeller Mitarbeiter, warnte die künftigen Schwiegereltern vor sich selbst und lieferte hinfort hochbrisantes Material in Kinderschrift: »Ziegenbalg, Wolf-Rüdiger«, schrieb er, »charakterlich: nicht geizig, freundlich, hilfsbereit, kontaktfreudig, teilweise überheblich. Negative pol. Äußerungen von ihm kenne ich nicht. Verfügt über Westgeld, da er Kleidung trägt, die es nur im Intershop gibt. Woher er das Geld hat, ist mir nicht bekannt.«

Undankbarerweise bezeichnet Ziegenbalg jetzt dieses sensible Porträt als »Müll«. Auch die Stasi war nicht recht zufrieden. Es gehörte zur Schizophrenie der *Firma*, daß günstiges Zeugnis ihr verdächtiger erschien als die ertappte schwarze Seele. Top-Spion Gütschow wurde bedeutet, seine Informationen müßten »besser« werden, »nicht bloß, was einer im Ausland gekauft hat, Marianne-Rosenberg-Platte oder so«. Als wäre solch Musikgeschmack nicht auch schon der Ahndung wert!

Drei Typen warb die Stasi gerne an: skrupellose Karrieristen, Erpreßbare und solche, die sich »keinen Kopp

64

machten«, auch mangels entsprechender Ausstattung. Torsten Gütschow, zwischen Typus zwei und drei angesiedelt, ist kein intellektueller Sonnenaufgang. Bar aller Allüren, richtig Kumpel, sächselt er frei heraus. Ja, hin und wieder habe er sich schon gesagt: Mann, was machst du da! Immer der Druck. Immer die Angst, »daß dich einer sieht mit so 'nem Lederjacken-Stasi«. Gütschows Verdrängungskünste siegten und siegten. »Damals hatte ich keine Wahl. Jetzt auch nicht. Meins ist raus. Schluß, aus. Das Thema ist für mich abgehakt. Klar, menschlich bleibt das dein Leben lang. Bloß, ich muß mich jetzt voll auf den Fußball konzentrieren, sonst kann ich gleich aufhören.« Auch gebe es Dringenderes im Land als die Stasi-Debatte. Gütschows Mutter ist arbeitslos. Die drei Schwestern: arbeitslos. Der Schwiegervater: arbeitslos. Nur Schwiegermutter hat einen krisenfesten Job, auf dem Arbeitsamt.

»Weißt du, daß du dasselbe gemacht hast wie die Mauerschützen?« Torsten geht hoch: »Was? Ich? Da gibt's doch wohl noch 'n Unterschied! Oder? Und denkste, du hättst an der Grenze nicht geschossen? Danebenschießen, wenn sie dich aus fünf Metern beobachten? Wärste gleich abgegangen! Die gesagt haben, schieß, die müßte man ... Möchte mal wissen, was mit den Großen ist, Honecker, Mielke, Berghofer, Schalck-Golodkowski. Den Kleinen hauen sie die Köppe ein!« – »Aber du warst ein Großer, ein Volksheld.« Er wolle sich ja nicht rausreden. Er kapiere ja die Wut aller, die vom SED-Regime »wirklich negative Nachteile« hatten. Erst sei er ja auch »total fertig« gewesen, aber nun, mit der Mannschaft im Rücken und all der Fanpost: Torsten, wir halten zu dir ... Beschämend, sagt er erleichtert. »Die Andrea hat an der Schule, wo sie Sekretärin ist, auch absolut keine Probleme gekriegt.«

Das Pärchen Wiener ist verspeist, der Saft getrunken, die Beichte abgelegt. »Beim nächsten Mal«, spricht Kumpel Torsten, »reden wir mal richtig über Fußball. Nicht immer so'n Stasi-Käse. Und, äh, machstes 'n bissel, so'n bissel, na, weeßte schon!« Was weiß ich? »Na, was de schreibst, machstes ä bissel ... *ordentlich!*«

Am meisten freut Gütschow, daß Heiko Scholz, sein

Busenfreund, noch am ersten Abend zu ihm kam. So ein Freund, dem man vertrauen kann, sei doch »das Wertvollste, was es gibt im Leben. Der geht für dich durch dick und doof.«

Scholz und Gütschow, Görlitzer Jungs, kennen sich von Jugend auf. Beide gingen sie nach Dresden, zu Dynamo. Scholz wurde mit sechzehn für zu schmächtig befunden und gen Leipzig aussortiert. Dort spielte er bei Chemie und Lok, wuchs und wurde ein Star. Im Sommer 1990 kaufte Dresden ihn zurück: der erste Millionentransfer im bis dato Amateursport geheißenen DDR-Fußball. Helmut Schulte nennt Heiko einen richtig guten Jungen. »Der ist offen. Der hat viel erlebt in der DDR.«

Wir sind auf elf Uhr verabredet. Es wird eine Stunde später. Scholz wartet. Er sucht das Stadiongelände nach dem Reporter ab, denn der Trainer hat doch extra das Gespräch erlaubt und er, verläßlich, will seinem Torsten Treue halten, immer vorausgesetzt, »daß der keinem wirklich geschadet hat«. Es wurmt ihn, daß Gütschow es seit der Wende nicht fertigbrachte, offen mit ihm zu reden. Andererseits habe er selbst »Schwein gehabt«. Lok Leipzig war als Zivilclub ideologisch weniger aufgeregt. »Da gab's nicht dauernd Parteischulung. Wenn wir ins KA (kapitalistische Ausland – d. A.) fuhren, saßen auch keine Aufpasser im Hotelfoyer oder kamen mit in die Stadt.« Nur vor seiner ersten Westfahrt wurden die Nachbarn befragt, ob er seine Freundin schlüge. Dies hätte Fluchtgefahr verheißen. (Unlängst erfuhr ein Thüringer Ehepaar, warum ihm nie Westreisen gewährt wurden: Die Stasi hatte »Zerrüttung« ausgemacht. Man schlief getrennt. Der Gatte schnarchte.)

»Was sollteste machen?« sagt Scholz. »Normalerweise war's Käse, aber so war's nun mal aufgebaut. Mit fünf Jahren fängste an mit Fußballspielen. Wo andere ins Ferienlager fahren, spielst du Fußball. Wo andere die Jugendzeit genießen mit Rauchen und Weintrinken, spielst du Fußball. Fußball ist dein Leben. Und dann kommen *die* und sagen: Mach mit bei uns, sonst Freundin weg, ab zur Armee und dann zurück zu Traktor Zodel, Treckerfahren. Ich hab nichts gegen Treckerfahrer. Ich bin bloß froh, daß ich nie vor die Entscheidung gestellt wurde. Und was denkste, wie die hier gejubelt haben, als wir Meister wurden, mit Torstens Toren.«

Also hält er zu ihm, Heiko Scholz, ein sächsischer Nibelung, geraden Kreuzes gegen krumme Hunde. »Wenn einer noch ein Ding raushaut gegen den Torsten, dann kriegt er's mit der Mannschaft zu tun«, sagt Heiko, in Treue fest. »Obwohl – wenn die Zuschauer nicht hinter dir stehen, dann isses vorbei, dann kann dir die Mannschaft zehnmal auf die Schulter kloppen.«

Das Volk, das unbekannte Wesen. Wie wird Fußball-Dresden reagieren, wenn nun die Bundesliga wieder beginnt? Kehrt es sich angewidert ab, da die Helden auch nur Menschen waren? Eher setzt sich wohl die Haltung von Falk Solbrig durch: »Beim Fußball sind se Schlitzohren. Sonst weeß ich nich. Spielen tun se trotzdem noch okay. Hoff' ich wenigstens.« Falk Solbrig gehört zur Kindermannschaft, Altersklasse 10, noch kein Stasi-Fall bekannt.

Am Stadiontor pinnt schon ein Aufkleber: »Keine Abschiebehaft! Keine Sammellager! Bleiberecht für alle!« Präsident Ziegenbalg hofft auf Solidarität und Trotzeffekt. Abermals denkt man heftig daran, den Namen »Dynamo« loszuwerden und damit peinliche Vergangenheit. Zu allem Überfluß liegt das Stadion auch noch in der Dr.-Richard-Sorge-Straße, »auch so ein Kommunistenlümmel«, wie der Taxifahrer weiß. Genau! Kundschafter Sorge warnte Stalin vor Hitlers Überfall. Vorbildliche Wendung exerzierte der 1966 gegründete 1. FC Lok Leipzig, jetzt VfB Leipzig und somit bereits 1903 erster deutscher Fußballmeister gewesen.

Dresden war immer *die* Fußball-Hochburg der DDR, und Dynamo Dresden fast ein oppositioneller Gegenpol zu Erich Mielkes hauptstädtischem Lieblingsclub BFC Dynamo (jetzt FC Berlin). Wenn Dresdens Gelbschwarze gegen die roten Berliner antraten, stand Sachsens Ohnmacht wider Preußen auf – meist mit Erfolg, zumindest im eigenen Stadion, dreimal auch bei dramatischen Pokalfinals in Berlin.

Daß ein Dynamo-Verein »gut«, der andere »böse« sein sollte, ist Westlern schwer verständlich. Als 1949 die

DDR-Oberliga gestartet wurde, war Dresden vertreten durch die SG Friedrichstadt, Nachfolgerin des legendären Dresdner SC. Die »bürgerliche« Mannschaft wurde auf Anhieb Vizemeister, jedoch von der DDR-Sportführung aufgelöst und durch Rotation Dresden ersetzt. Im selben Jahr, 1950, entstand die SG Volkspolizei Dresden. 1953 wurde der Verein umbenannt in Dynamo und DDR-Meister, 1954 komplett nach Berlin »delegiert«.

Das traf in Dresden tief und dauerhaft. Dynamo Dresden rappelte sich aus der Bezirksliga wieder ganz nach oben. Seit dem Gewinn der Meisterschaft 1972 gehörte der Verein zur DDR-Spitze und spielte fast jedes Jahr im Europapokal. In den Fluren des alten Stadiongebäudes hängen noch die Tafeln mit Statistik und den Fotos großer Schlachten. Unvergeßliche Krönung: die Spiele gegen Bayern München 1973 (3:4 und 3:3). Nach elf Minuten in Dresden war Uli Hoeneß Eduard Geyer zweimal davongerannt. Es stand 0:2, obwohl doch der Geyer, wie wir neuerdings wissen, auch bei der Stasi gewesen ist.

Etliche der großen Alten trifft man noch als Nachwuchstrainer. Damals als Steppke habe ich ihnen die Autogrammkarte hingehalten: Hans-Jürgen Kreische, Gert Heidler, Dieter Riedel, Gerhardt Prautzsch, Klaus Sammer. Ralf Minge ist jetzt Assistent von Helmut Schulte. (Dynamo-Journal: »Wenn er heute mit seiner Frau gemütlich am Abendbrottisch sitzt, knackt es öfter in seinem Körper. Ralf sieht sein Leben dennoch nicht verbissen.«) Der lange Klaus Sammer tippt Schreibmaschine in seinem Kabuff, dessen Möbel, Tapeten und Gardinen so sehr nach DDR ausschauen, daß einem ordentlich das Herz aufgeht. Fußbälle überall, an der Wand ein großes Poster von Sohn Matthias, der beim VfB Stuttgart spielt.

Klaus Sammer, eigentlich Pressemuffel, hat Beichttag und verdiente eine Extraseite für all die Geschichten: die Story um Gerd Weber, der 1981 nach Fluchtversuch im Gefängnis zum IM umgedreht wurde; die sportlich sinnlose Tour in den kriegführenden Iran, die sich nachher als Waffenschmuggel entpuppte; die Kabale Mielke contra Zeiss-Boß Biermann, falls Matthias nach Jena gewechselt wäre ...

68

Von 1965 bis 1975 hat Klaus Sammer bei Dynamo gespielt, zweieinhalb Jahre war er Trainer. Sein Rauswurf kam 1986 nach der unglaublichen 3:7-Niederlage im Europacup-Spiel bei Bayer Uerdingen. Damals setzte sich auch noch Stürmer Lippmann ab. »Den Lippmann hatte ich schon ein paar Monate vorher rausgeschmissen, wegen Trunkenheit am Steuer mit Fahrerflucht.« Lippmann soff und erkor sich für den folgenden Unfall ausgerechnet einen Gefangenentransport, was Großfahndung auslöste. Politischer Einspruch hievte ihn wieder ins Team, entfernte aber dafür Torwart Klimpel, der sich in der ČSSR mit Westverwandten getroffen hatte. Als Lippmann dann türmte, war prompt Sammer schuld.

»All meine Westreisen mit Dynamo waren Kotzfahrten«, sagt Sammer. »Wir wollten Fußball spielen, meinetwegen mit Polizei-Dienstrang, aber die haben uns beigebogen: Ihr seid in erster Linie Volkspolizisten. Ich hab' immer so geredet, als stünde einer von *denen* neben mir. Nie hätte ich vom Westhotel aus Verwandte angerufen. Und die Rapporte beim Clubvorsitzenden Horst Arlt: immer mit Kloß im Hals.«

Arlt unterstand wiederum der zentralen Berliner Leitung. Der andere Machtstrang lief über den Chef der Stasi-Bezirksverwaltung, Böhm. Auch die SED-Bezirkssekretäre regierten mit landesfürstlicher Eifersucht in die Clubs hinein. »Ich wußte vom ersten Tage an, daß meine Uhr tickt.« Als sie Sammer dann rauswarfen und in die Provinz abschoben, nach Meißen, fuhr er mit dem Zug dorthin und war glücklich, daß ihn die ganz normalen Leute noch akzeptierten. »In meinen Abschlußpapieren stand, ich sei ideologisch ein Totalversager.« Freunde rieten ihm, davon jetzt Gebrauch zu machen. »Alles Schnulli. Ich hab's zerrissen. Schluß damit.«

Im falschen Leben Fußball gespielt? »Nein«, sagt Hansi Kreische. »In jeder Generation ist irgendwas anderes. Meinem Vater hat der Krieg viele Jahre seiner Karriere genommen. Ich hatte es gut in Dresden, trotz des Ärgers. Ich hatte Vorteile. Abgehauen wäre ich nie. Die Familie hätte sich doch nie wiedergefunden.« Viermal wurde Kreische Torschützenkönig, fünfzigmal spielte er in der Nationalmannschaft. »Ich sag's ganz ehrlich,

ich kann mich mit dieser neuen deutschen Auswahl noch nicht recht identifizieren. Diese Arschlöcher drüben wollen unsere Länderspiele nicht anerkennen. Man kann doch nicht alles wegschieben. Von mir aus sollen sie 49 streichen. Aber auf das eine lege ich Wert.« Hamburg 1974, Weltmeisterschaft, DDR gegen BRD, David gegen Goliath. 78. Minute: Langpaß von Hamann auf Sparwasser, der geht vorbei an Höttges, an Vogts, schießt, Tor! Maier stürzt ins Leere. Die BRD hatte verloren. Deutschland hatte gewonnen.

Das ist Geschichte. Wie weiter? Das Schlußwort dem Kapitän. Torwart René Müller steckt in der Zwickmühle. »Von der moralischen Seite kann man solchen wie Gütschow nicht den Rücken stärken. Aber sie sollen jetzt nicht für die ganze DDR sterben, sondern ihren Kollegen helfen, die Arbeitsplätze zu sichern. Wenn wir absteigen, ist hier in der Region der Fußball kaputt.« Jeder, der in der DDR blieb, sei schuldig geworden, außer den Bürgerrechtsgruppen. »Daß man da nicht mitgemacht hat, war ein riesengroßer Fehler. Ich hab' beim Fußball die Klappe aufgemacht und mich ansonsten im Freundeskreis ausgeheult.« Und dann sagt Müller einen so wundervollen Schwejk-Satz, wie er nur in der DDR entstehen kann: »Ich bin meine Meinung eben nicht öffentlich losgeworden.«

West-Arroganz bringt ihn auf die Palme: »Die Geschichte hat mit Hitler angefangen, nicht 1949. Nach dem Krieg konnte sich keiner die Siegermacht aussuchen. Ich bin im Osten aufgewachsen und habe trotzdem über den Fußball mehr von der Welt gesehen als die meisten Westler von ihrem hohen Roß. Vielleicht wird der Hochmut dieser Leute mal ganz schnell gebrochen.«

Ein eisiger Schneeregen zieht durch das Stadion. Am Metallzaun wird klappernd gebaut. Zwei Männer wischen die Reklametafeln ab. Am Freitag kommt Nürnberg. Auf dem Hartplatz, im Matsch, kickt Gert Heidler mit der Jugend. Stoppen, schauen, spielen. Gelernt ist gelernt. Was bleibt vom Ost-Fußball? Prüfet alles. Und das Gute behaltet.

Februar 1992

Jena führt!

Liebesbrief an einen Fußballclub

Jaaaaa! Nachbar Krems tobte. Elfmeter in der 90. Minute! Gerade noch 1:0 für Jena, eben der Ausgleich, jetzt Siegeschance für Magdeburg, »Machteburch«, wie Krems beschwörend schrie. Hirschmann lief an. Fritzsche flog ins falsche Eck. Ich haßte den Ball.

Perfekt, sprach Krems, jetzt kotze Jena ab. Griff unter sich und förderte ein weiteres Pils. Schnäppte es auf, trank an, rülpste und las wohlgefällig auf dem Etikett das uralte Harzer Wort: *Es grüne die Tanne / es wachse das Erz / Gott schenke uns allen / ein fröhliches Herz.*

Uns allen? Meines brach – zu früh; ich war erst neun. Die Fernsehübertragung des DDR-Pokalfinales 1965 hat mein Leben verändert wie Luther der Blitz bei Stotternheim. Von Stund an und für immer war ich für Jena – eine Kindheit hindurch mit Heulkrämpfen und Indianerjubel, eine Jugend lang mit unbeirrtem Trieb und einer Solidarität, die auch jenseits der Grenze den Erniedrigten und Beleidigten zugute kam: Marokko und Haiti, IBV Vestmannaeyjar/Island, Borussia Neunkirchen ...

Aber Jena! Ich liebte sie alle: Torwart Sprotte Grapenthin, mit Händen so groß wie Klodeckel, die Ducke-Brüder, Ebs Vogel, Raab, die Eisenfüße Krause und Strempel und Linksaußen Bielau, der schneller war als der Ball, weshalb er diesem allzuoft entwischte. Zwei Meisterschaften und drei Pokale haben wir zusammen geholt und 1981/82 im Europacup die Könige des Kontinents vom Rasen gekegelt. Freunde, lebt ihr? Wißt ihr noch? Der Tag von Rom. Der Tag von Valencia. Der Tag von Newport. Der Tag, nein: das Erdbeben von Lissabon. Und dann das Finale gegen Dynamo Tbilissi, in Düsseldorf.

D. lag freilich hinter dem deutsch-deutschen Raumteiler. Ich mußte rüber. Was tun? Ich raffte mich auf wie Bielau nach einem Tritt an der Strafraumgrenze und marschierte ins Präsidium des DDR-Fußballverbandes, Ost-Berlin, Storkower Straße. Ernstes Männergespräch in tiefen Ledersesseln. Düsseldorf leider unmöglich, beschied mich einer der anwesenden Generalsekretäre und spendete Trost: »Ich fahre da auch nicht runter.« Wie er das sprach, dieses *runter*, sagte ich mir: Du und der sind zweierlei.

Endspiel auf Radio DDR, allein im dunklen Zimmer mit der Skalenleuchte und Wolfgang Hempels herrlicher Tragödenstimme. 1:0 für Jena. 1:1. Und da, da, kurz vor Schluß KURVT DARASSELIJA DURCH DEN JENAER 16-METER-RAUM, UM SCHILLING HERUM, UM KURBJUWEIT, UM HIMMELS WILLEN, WO IST GRAPENTHIN? Die Entscheidung. »Sagte ich Entscheidung?« ächzte Hempel, düster weiterlebend. »Noch sind ja drei Minuten Zeit.« Umsonst. Es wurde Nacht.

Was dich nicht tröstet, macht dich stark. Und als ein Mann sah ich die Sonne aufgehn. Dann fiel die Mauer. Alles kaputt. Nachbar Krems und der 1. FC Magdeburg trinken heute ihr Bier in der 3. Liga. Aber Jena stieg zur 2. Bundesliga auf, durch ein Tor in der letzten aller DDR-Oberliga-Minuten. Heute ist Jena die beste Mannschaft Deutschlands, auch wenn sie das nicht so zeigt. Wir Ostler machen ungern von uns reden.

Jena live im Radio, das ist vorbei. Ehe ich in die 1. Liga desertiere, zu Dresden oder Dortmund und Funk-Volkstümlern wie Hansch und Rubenbauer, schaue ich mir Jenas Spiele auf Videotext an (Tafel 251). Da flimmert neunzig stumme Minuten lang das *verbum purum* auf dem Schirm: FC CARL ZEISS JENA, gegen (unwichtig) 0:0. Dann macht es plimm, und Jena führt. Oder plumm, dann bricht der Schweiß aus. Kürzlich führte Jena gegen Lok Leipzig bis kurz vor Schluß 1:0, der Sieg war greifbar nahe, da – plumm – tauschten die Ziffern die Seiten. Computerfehler? Teufelswerk. 1:0: da stand das Grauen geschrieben, Weiß auf Schwarz. Aber das Blut, das Blut ist immer rot.

November 1992

72

»... die ganzen Neger in der Stadt«

Eberswalde bei Berlin sucht und deckt die Mörder des Angolaners Amadeu Antonio Kiowa

Die Zeit ist reif. Die neue »BRD« ist nicht Deutschland. Genscher ist der beste Außenminister, den Polen je hatte, und Jörg Vennen, der Wirt vom »Richterplatz«, ist Kreisvorsitzender der Republikaner. Wer in Vennens Kneipe die Parolen liest, der muß ums Deutsche Reich nicht bangen.

Man bleibt mit Brille kein unerkannter Zecher in einer Rep-Gaststätte zu Eberswalde, ein Stündchen hinter Berlin. Ran an den Tresen, und die Hosen runter: Woher? Warum? Zum Prozeß? Der umgebrachte Angolaner? »Totschlagen, so geht's ja auch nicht«, moniert die Dicke und entsagt der Umarmung ihres korpulenten Tischgefährten. »Die Schwarzen haben hier doch die Dreckarbeit gemacht. Stimmt's, Dicker?« Der schüttelt störrisch den Kopf: »Alles faule Dreckschweine.« – »Wenn die Skins oder Heavys den Schwarzen umgebracht haben«, erklärt Wirt Vennen, »dann gehören sie eingesperrt ohne Ende. Wir brauchen Ordnung und endlich wieder einen Strafvollzug, der abschreckt. Und die Todesstrafe.« – »Jawoll«, sagt zackig die Dicke und drängt, Deutschland zu dienen, an die Theke. Das Wrack am Hintertisch lallt von Vietnamesinnen.

»Meine Eltern halten mich einfach für einen Nazi«, sagt Vennen, Jahrgang 59, der zu DDR-Zeiten Bau studierte. »Dabei ist Nazi für mich ein ganz übles Schimpfwort. Und bei so einem Skin-Überfall, da würd' ich gleich mit der MP reinhalten, dann liegen erst mal dreie flach, und der Rest rennt.« Du sollst nicht töten. Vennen spendiert ein Pils. Auf die Todesstrafe würde er »vielleicht verzichten«, aber wie weiter in Deutschland? Scheinasylanten, Straßenbanden, Ausverkauf? Ordnung!

Hunderttausende von Fremdarbeitern aus Asien und

73

Afrika holte die DDR-Regierung ins Land – viele zur Ausbildung, viel mehr für »Dreckarbeit«. Sie lebten in Wohnheimen, abgeschirmt von einer Bevölkerung, deren internationalistisches Fühlen zu den großen Illusionen der DDR gehörte. Aus dem Ordungsstaat entlassen, gnadenlos in den Wind der Neuzeit gestellt, flüchten viele Ostler zu vertrauten Instinkten. Balsam Negerwut: Laut Untersuchung des Potsdamer Instituts für Familien- und Kindheitsforschung sind für 38 Prozent der Jugendlichen Ausländer schuld an der Arbeitslosigkeit, 42 Prozent gefällt der Slogan »Deutschland den Deutschen, Ausländer raus!«, und fast 30 Prozent finden, Ausländer müßte man »aufklatschen und raushauen«.

»Neger aufklatschen« – ach, er weiß nicht, was das ist, der brave Richter Hartmut Kamp, aus dem schönen Rheinland in den wilden Osten entsandt, um einen Fall zu richten, der Eberswalde traurigen Ruhm eingetragen hat. Hier, vor der chemischen Fabrik, wurde in der Nacht zum 25. November 1990 mit dem Angolaner Amadeu Antonio Kiowa zum ersten Mal ein ausländischer Arbeiter in der DDR ermordet, erschlagen von einem Pulk Radikaler. Anderthalb Jahre hat es gedauert, bis eine mäßig interessierte Öffentlichkeit sechs mutmaßliche Täter präsentiert erhielt. Eigentlich sind es nur fünf, denn Kay-Nando Böcker aus Gartz, der Hauptverdächtige, ist flüchtig. Sven, sein jüngerer Bruder, sitzt nur ein, weil er ein paar Monate nach Amadeu Antonios Tod einen Mann mit einer Baseball-Keule erschlagen haben soll – diesmal fairerweise einen Deutschen.

Den Böcker muß man sehen. Den macht uns keiner nach. Ein fetter preußischer Buddha, wie von George Grosz gezeichnet, hockt auf der Anklagebank, grinst hochmütig, kaut seinen Gummi und besteht Richter Kamps pastorales Examen: »Sie zählen sich wohl, salopp gesagt, auch zu den Glatzen?« – »Nee, eigentlich nicht«, sagt Böcker, auf dessen rechten Fingern H-A-S-S tätowiert steht, in SS-Runen. »Sind Sie hitlerfreundlich?« – »Nee, würd' ich nicht sagen.« – »Nationalsozialistisch?« – »Nee, so Kaiserreich rum. Ich bin ein

74

rechtsextremer Jugendlicher.« – »Extrem ist mir zu ungenau. Sind Sie gewaltbereit?« – »Nee«, sagt Böcker, »mehr so, na, äh, mit Plakate kleben.«

Bar jeder Gewaltbereitschaft und versehen mit einem Fallschirmjäger-Messer, weilte Sven Böcker, damals achtzehnjährig, am Abend des 24. November 1990 in der Eberswalder Heavy-Metal-Diskothek »Rockbahnhof« und pichelte sich einen an. Zwölf halbe Liter Bier, ein Viertel Brauner und ein Fläschchen Rotwein waren verdrückt, als zu vorgerückter Stunde die Parole zum Abmarsch kursierte. Etwa vierzig Skins und Heavy Metals zogen zum »Las Vegas«, um dort Linke »aufzuklatschen«, wie es Richter Kamp, bemüht um »sozial adäquate Sprache«, nun auch schon scheu über die Lippen kommt.

Das »Las Vegas« war geschlossen. Der Zug schwenkte um in Richtung »Hüttengasthof«, damals die einzige Eberswalder Diskothek, in der Ausländer noch gerngesehene Gäste waren. »Deutschland den Deutschen!« grölend, demolierte die freie deutsche Jugend einheimische Autos und einen Döner-Stand. Sven Böcker trat gegen einen vorbeifahrenden Golf. Der Fahrer stieg entrüstet aus. Böcker packte ihn, zog das Messer und fragte den Mann, ob er »rasiert werden« wolle. Er wollte nicht. Enttäuscht zog Böcker weiter.

Inzwischen hatte Horst Schulz, der Wirt des »Hüttengasthof«, vom Anzug der Meute gehört und rasch sein Lokal geschlossen. Die Afrikaner rannten um ihr Leben. Kay-Nando Böcker drosch einem die Baseball-Keule über den Kopf. Sven fühlte sich von einem anderen gerempelt. »Der kam mir vor wie 'n Selbstmörder. Dazu hat er noch so eklig gegrinst.« Das Messer ging auf. »Ich hab' zunächst in Richtung seines Kopfes gearbeitet.« Er traf. Der Angolaner Francisco Dos Santos erlitt Schnittwunden im Gesicht und am Gesäß.

Dos Santos tritt als Zeuge auf. »Sprechen Sie Deutsch?« fragt Kamp. »Ja, ein bißchen.« – »Das klingt doch schon ganz gut, hm? Sind Sie mit jemandem im Saal verwandt oder verschwägert?« Dos Santos begreift nicht, schaut auf die Angeklagten und sagt Ja. Nebenkläger Reimann beantragt einen Dolmetscher. Der Antrag wird abgelehnt. Richter Kamp obsiegt und triumphiert. Der Fotograf der *Super-Illu* knipst heimlich die Zeugen. Kamp sieht's erst nach empörten Zurufen. Der *Super*-Bildner darf seinen Film behalten. »Bitte«, sagt Kamp und legt ihm die Hand auf den Arm, »bitte veröffentlichen Sie nichts.«

Der kleine Westberliner Anwalt Roland Reimann ist der mutigste Mann im Gericht. Als Nebenkläger für Antonios Söhnchen hat er nur eingeschränktes Fragerecht, will aber dennoch Sven Böckers politisches Credo vertiefen. Der Richter würgt ab: Der Angeklagte werde überfordert. Verteidiger Kohrs gähnt bereits zum Erbarmen. Verteidigerin Seidel erklärt, Reimann stehle nur Zeit; es höre kaum einer zu. Entrüstung im Saal ob dieser Frechheit. Der Eberswalder In- und Ausländerkreis verteilt ein Flugblatt: Die rassistischen Motive der Tat würden systematisch ausgeblendet, denn der Prozeß behandele nur »Körperverletzung« mit Todesfolge.

Und so ging es zu Ende. Einer entkam nicht mehr. Sie hatten ihn eingekreist, zogen Kapuzen über die Köpfe und banden sich Tücher vors Gesicht. Angeklagter Gordon Klimpel: »Da kam 'n Schwatter raus, den ham wa jekascht an der Kreuzung und ham den zusammjeschlagen.« Angeklagter Marek Jordan: »Da standen also fünfzehn Mann herum und haben den ... na, den Afrikaner da rumgeschubst. Dann hab' ich den Angeklagten, den Amadeu da, mit der Faust gehauen. Dann wurde er weitergeschubst, und irgendwie isser dann runtergefallen.« Angeklagter Ronny Jaretzky: »Hätte ich gewußt, daß das solche Ausmaße annimmt ...« Angeklagter Steffen Hübner: »,Der schnarcht ja noch', sagte der eine mit der Kapuze und sprang mit beiden Füßen auf den Kopf des Negers. Ich sagte ihm, er soll das mit dem Springen lassen. Mir reicht's, hab' ich gesagt und bin weggegangen.« Amadeu Antonio starb am 16. Dezember 1990, ohne je das Bewußtsein wiedererlangt zu haben.

Keiner ist's gewesen. Jeder schweigt. Die Täter vergeben den Tätern. Drei Zivilpolizisten waren dem lüsternen Mob gefolgt, aber hielten Distanz. Polizist Berkan: »Ich rief sofort meine beiden Kollegen zurück, da

76

ich verhindern wollte, daß diese mit der Gruppe in Konflikt geraten.« Nach der Tat trat Berkan dazu und versetzte den Sterbenden in »stabile Seitenlage«. »Waren Sie bewaffnet?« – »Ja.« – »Wären Sie eingeschritten, wenn Sie gewußt hätten, daß ein Mensch zu Tode kommt?« Berkan schweigt. Richter Kamp empfiehlt ihm sein Recht, die Aussage zu verweigern, falls er sich selber belaste. Berkan nimmt dankbar an. Polizist Höhne, mutiger, sagt diplomatisch: »Ein Eingreifen war nicht mehr möglich im Zusammenhang mit der Straftat.«

Eine Zeugin will gehört haben, wie einer der Beamten sagte: »Ich tu' für einen Afrikaner nichts. Ich setz' mein Leben nicht aufs Spiel.«

Hinterher waren alle in der Stadt bedrückt, erzählt ein Eberswalder. Seinen Namen nennt er nicht. Alle hätten gewußt: Das kann hier jeden treffen. Und eine andere (namenlos): Man schweige besser; »diese Leute« seien ja »nicht ganz ungefährlich. Aber das war doch nicht schön, die ganzen Neger in der Stadt.« Knapp zwanzig sind geblieben, ein halber kam hinzu. Am 9. Januar 1991, morgens um sechs, gebar Amadeus' Freundin Gabriele Schimanski ihren Sohn und nannte ihn nach seinem toten Vater. Zwei Stunden später hob das Flugzeug ab, das Amadeu Antonios Leichnam nach Angola überführte. »Es war, als ob seine Seele das Kind noch sehen wollte.« Kaum aus dem Krankenhaus entlassen, fand Gabriele den Kinderwagen mit Hakenkreuzen beschmiert, bald darauf zerstört. Der Deutsche Fernsehfunk drehte einen Dokumentarfilm über ihren Fall und brach die versprochene Anonymität. Als sie Morddrohungen erhielt und kein einziges Zeichen von Solidarität, zog sie mit Hilfe der Westberliner Antirassistischen Initiative nach Kreuzberg.

Jetzt ist sie nach Eberswalde zurückgekehrt, bange. »Aber man kann sich nicht immer verstecken.« Als Nebenklägerin sitzt sie nun an jedem Prozeßtag jenen gegenüber, die Amadeu umgebracht haben, und hält dem kalten Grienen von Böcker und Kumpanen stand. Sie ist keine Kino-Schönheit, Gabriele Schimanski, 35, gelernte Viehpflegerin, nach den Maßstäben der versammelten arischen Auslese eine »Negerschlampe«.

Nur Kaffee möchte sie. Keinen Eisbecher? »Au ja, Eis!« Dann löffelt sie den Eierlikör unter der Sahne hervor und erzählt von dem Kleinen, der seinem Vater wie aus dem Gesicht geschnitten sei. »So habe ich Amadeu immer bei mir.« Wie sie so spricht, in Freude und Furcht, aber ohne die lügende Angst, da hat sie mehr Kraft als diese ganze erbärmlich schweigende Stadt. »Den Prozeß, den ziehe ich durch bis zum Schluß«, sagt sie und will fest daran glauben: »Sonst denken die Deutschen, sie können mit den Menschen machen, was sie wollen.«

Juli 1992

Mit Todesfolge

Was ist Mord? Vierzig Eberswalder Skins und Heavy Metals feiern ihr Deutschtum. Sie besaufen sich, bewaffnen sich und ziehen los, um *Neger aufzuklatschen*, wie der Fachbegriff lautet. Einen fangen sie, den schlagen sie nieder und treten ihn tot. Der Angolaner Amadeu Antonio Kiowa starb an einem Tritt in die Augenhöhle. Die Polizei sah zu.

Mord? Totschlag? Bewahre – Körperverletzung mit Todesfolge und Landfriedensbruch. Die Tat brachte vier jungen Deutschen Haftstrafen zwischen dreieinhalb und vier Jahren ein. Sie wären alle noch frei, hätte nicht ein weiterer Angeklagter so ungern allein gesessen und ausgesagt: »Da war keiner, der nicht zugetreten hat.«

Damit auch wir mal *Deutschland* sagen: Diese Mörder, pardon: Körperverletzer haben Schande über Deutschland gebracht. Wer die Gesichter sah, der kann den Kehrreim vom armen Ossi nicht mehr hören. Der kennt nur noch Menschen – solche und solche. Wer Gewalt mit der Asyldebatte erklärt und vertuscht, der spricht sich selbst das Gericht.

Schließlich war doch noch von Mord die Rede. Ein Leser bezichtigte die *ZEIT* des *Rufmords* an Eberswalde. Die arme Stadt! Hätte sich dieser Neger nicht woanders erschlagen lassen können?

September 1992

Ali Baba und die Mörder

Ein Tod in Ostberlin

»Die Nacht ist schwarz, Herr Bötel liest.
Bums! hört er, daß man draußen schießt.«
(Wilhelm Busch: Maler Klecksel)

»Frauen«, sprach Münchhausen zum Fürsten, »Glücks-spiel, Reisen, Krieg – all das brauche ich auch. Sie aber, Fürst, mißbrauchen es.« Traumwelt Film. Es war Krieg, als die Ufa »Münchhausen« drehte und der deutsche Baron sich die Zarin unterwarf. Draußen fielen Bomben, drinnen krachte das Geschütz einen heiteren Böller, und Hans Albers ritt auf der Kanonenkugel über sonniges Land. Er platzte in die Türkenfestung, daß der Sultan sich die Augen rieb – verständlich, so kurz vor Sendeschluß. Kiste aus. Fenster auf. Da, war das ein Schuß? Noch einer. Noch einer. Noch einer.

Die erste Kugel traf Gamal Hegab in seiner Döner-bude. Er taumelte zur Tür, schleppte sich ein paar Schritte in die Nacht und brach auf dem Gehsteig zusammen. Noch dreimal schoß der Unbekannte auf den liegenden Mann. Vom Berliner Verlag rannten zwei Wachleute herbei. Der Mörder floh quer über die Lieb-knechtstraße und verschwand im Dunkel.

Es rückt näher. Beim Bäcker liegt die Zeitung aus: Döner-Mord am Alex! Die runde Bäckersfrau zählt Schrippen ab, man blättert hastig im *Kurier*. Laß es nicht diese Dönerbude sein! Irgendeine andere! Es war diese, »Ali Baba«, Liebknecht-/Ecke Hirtenstraße. Es rückt näher. Es rückt heran.

Hunger war Afrika. Krieg war Jugoslawien. Rostock war Rostock. Mölln war – wo liegt Mölln? Der Taxi-fahrer-Mord am 20. Oktober war in Kreuzberg. Helmut Güttler, das Opfer, war früher Trainer bei Dynamo.

Dynamo war der Stasi-Sportverein – und der Mord vielleicht Rache? Silvio Meier war Hausbesetzer. Er könnte noch leben, hätte er sich nicht mit Skinheads angelegt, am 21. November spätabends auf dem U-Bahnhof Samariterstraße. Stunden, bevor ES passierte, ging ich dort vorbei. Stunden, bevor ES passierte, kaufte ich an Hegabs Döner-Bude Falafel. »Ohne Knoblauchsoße.« Jaja, nickte er, sang zu arabischer Popmusik und goß Knoblauchsoße ins Fladenbrot. Reine Routine; seit Jahren verkaufte er. Das war sein Zuverdienst. Eigentlich studierte er Medizin.

Gamal Hegab war Ende der siebziger Jahre aus Ägypten gekommen. 1983 verlor er seine deutsche Frau. »Es lag damals eine – eine Suizidhandlung vor«, sagte Hauptkommissar Flohr, Chef der 1. Mordkommission. Hegab ging mit den beiden Kindern kurz nach Ägypten, kehrte nach Deutschland zurück und nahm sein Studium auf. »Die Kinder sind jetzt bei der deutschen Schwiegermutter«, sagt Karl Flohr, holt Hegabs Paß aus dem Schrank, schlägt ihn auf. »Das ist er.« Ein Mann von 35, schmales, mediterranes Gesicht. Ein Toter. Kein Toter. »So sieht er heute noch aus. Also, sofern ... Es ist ja schrecklich.« – »Kann ich den Paß fotografieren?« – »Nein, nur das Bild. Was wollen Sie eigentlich schreiben?«

Übers Verarmen. Daß man erstarrt. Daß man sich so gewöhnt an die täglichen Desaster. Daß man Freunde anruft und fragt: Hast du schon gehört? Daß sie sagen: Ja, und furchtbar, und denke mal, *dort* auch, aber *hier* zum Glück noch nicht. Daß *hier* immer kleiner wird.

Die DDR-Medien hatten Kapitalverbrechen höchst spärlich mitgeteilt – sozialistische Sicherheit behauptend und damit erzeugend. Verbrechen lohnt sich nicht, fand der brave Mann, klaute Baustoff im Betrieb, ließ sich schmieren und dachte nichts Arges. Es wachte, es drohte ein Staat, die größte DDR der Welt, an deren Grenzen besser nicht zu denken war. Völlig unbesorgt lief man nachts durch die Stadt. Natürlich passierte manches. Aber in der Zeitung stand so viel von *Geborgenheit*, daß es irgendwann stimmte: die vegetativen Erfolge der Propaganda. Die DDR simulierte, bis man ihr glaubte,

81

Gamal Hegab († 17. 12. 1992)

sie sei unverbesserlich – so oder so. Das machte man mit. Man fühlte sich im Kleinen frei und unbedroht, sofern man nicht *politisch* war. Öfter als heute angenommen wünschten Staat und Bürger sich miteinander von Ideologie zu erholen. Wie jede, war auch jene Zeit normal. Was man *erträgt*, ist ein anderes.

Zehn oder zwölf Tage vor Gamal Hegab und 300 Meter weiter starb eine Katze. Wie, läßt sich nicht genau sagen; jedenfalls fehlte ihr der Kopf. Da lag sie auf dem Sims an der Bushaltestelle, zusammengerollt, wie schlafend. Aber sie schlief nicht. Dies zu zeigen, drehte einer das Tier, so daß der kopflose Rumpf nach den Passanten blickte. Täglich gingen Hunderte vorbei, die Großen mit Ekel, die Kinder mit Schrecken. Niemand schaffte den Kadaver fort. Das wäre *damals* kaum passiert, *zu Ostzeiten*, wie man jetzt sagt. Eine Katze ist ein halber Mensch.

Am Abend nach Hegabs Tod, am 17. Dezember, habe ich sie begraben. Naß und schwer, so lag sie auf dem Spaten und schien im Dunkel riesengroß. Postmortale

Phantombild des Mörders

Kosmetik gibt es ja derzeit viel, da die Kainsmale sich häufen. Die Berliner Taxifahrer banden Trauerflor an die Antennen ihrer Wagen. Am U-Bahnhof Samariterstraße schweißten ungelenke Hände eine Gedenktafel für Silvio Meier. Am vernagelten »Ali Baba« hängt zunächst ein Steckbrief, dann klemmt eine Rose dahinter, dann klebt jemand ein mahnendes Schild daneben, dann kommt eine Vase mit Nelken dazu, dann kniet ein Mädchen und entzündet eine Kerze. Dann geht's los.

Sie treten alle heran, lesen, reden. Schrecklich. Bestimmt die Mafia. Das war ein Zeichen, der wollte keine Schutzgelder zahlen. Mein Kneiper auch nicht, dem haben die dann jede Nacht die Scheiben eingedonnert, jetzt zahlt er. Wenn's man bei Scheiben bleibt – hier, siehste ja. Mein Cousin sagt, der war Zuhälter. Dein Cousin spinnt, Medizin hat der Mann studiert. Is ja jut, ick hab' hier immer mein' Döner jekooft. Da, das Phantombild erinnert mich ... erinnert mich sehr ... nein, kann ich nicht sagen, vielleicht versündigt man sich. Das darf nicht, darf nicht wahr sein, dachten wir als erstes. Die Gewalt ist doch vor der Haustür. Ick merk' nischt von Jewalt, ick trau mir abends einfach nich mehr raus. Bei uns in Treptow schießen sie in die Fenster und zünden die Müllhäuser an.

Wer? Visitenkarten hinterlegen die Herren nicht, aber wir denken in die richtige Richtung. Man sieht ja noch die roten Flecke in dem Kies. Ihn kannten wir ja nun. Ansonsten registriert man ja die vielen Morde wie alltäglich. Von nischt kommt nischt. Die so was machen, die haben wir doch großgezogen. Die ganze Gewalt im Fernsehen. Die Ollen sind doch selber schuld, hier haste Geld, Videospiel, halt's Maul, geh runter, ich will fernsehgucken. Wenn das hier am Tage passiert wäre, hätte auch keiner eingegriffen. Wirst ja dauernd angemacht: siehst'n aus, läufst'n rum, Linker, Rechter. Ick bin Mitte. Ick bin Friedrichshain. Wir hatten zu Ostzeiten auch nicht viel Perspektive, aber *rechts* werden, das war ja wohl das Hinterletzte. Selbstverständlich unterstützen wir die Lichterkette. Dann sehen wir wenigstens mal, wie viele wir sind. Und diese, diese – Menschen sehen, was die Mehrheit eigentlich denkt. Und die Politiker! Jawoll, genau! Wo ist der Staat, wenn man ihn braucht? Alle Parteien verbieten, alle rechten, mein' ich. CDU gleich mit. Das kannste dem Kohl nicht zumuten.

Wie im alten Staat, so schaffen auch im neuen nicht nur Fakten Realität. Das Image tut sein Teil, die Simulation, der Codex Konformität. Nicht die Zahlen machen Masse, sondern die Tendenz: Wer rückt vor? Wer und was marschiert? Noch hütet die schweigende Mehrheit ihr Selbstgefühl. Noch gilt Kanzlers Wort vom deutschen, dem ausländerfreundlichen Land. Aber Anstand ist keine politische Identität, wenn Angst sie umkreist. Vorauseilende Rechtsunsicherheit schafft Staatsunsicherheit, und mit dem Ableben unsterblicher Grundsätze ist ja der Osten bestens vertraut. Allzu viele scheinen bereit, Schwächeren geschehen zu lassen, was man für sich selbst befürchtet – als gäbe es ein festes Quantum Unheil in der Welt. Es kommt eine Kugel geflogen. Gilt sie dir, dann nicht mir. Es kommen zwei Kugeln geflogen. Dann mach' ich die Tür fest zu.

Sesam, öffne dich. Privatissimum Volk: Was *Nation*

sei, entscheidet sich in den Stuben. Die Nacht ist schwarz, Herr Bötel liest. Nein, er sieht fern, der Biedermann, denn auch am Abend nach dem Mord an Gamal Hegab bringt das ZDF einen Film mit Hans Albers: »Große Freiheit Nr. 7«, von der Ufa gedreht, als Deutschland fast zu Ende war. Draußen fielen Bomben, drinnen, vor Hamburgs heiler Kulisse, spielte der Hannes Schifferklavier, verlor die Gisa an den jüngeren Rivalen, litt friedlich wilde Pein und gab sich in den Schoß von Mutter Meer. Auf, Matrosen, ohé. Einmal muß es vorbei sein. Augen zu und durch.

Play it again, Hans. Denn morgen muß man selbst hinaus in den dunklen, nieselnden Dezember, Kragen hoch und keinen Schirm dabei. Es pfeift der Wind. Wo bleibt der Bus? »Mutti«, sagt die Maus mit den Rattenschwänzen, »Mutti, guck mal, die Katze.« – »Sollst da nicht hingucken, hab'ich dir schon so oft gesagt.« – »Mutti, die Katze ist weg.« – »Na siehste, da ist sie bestimmt weitergelaufen.« – »Aber der Kopf war doch ab.«

Dezember 1992

Don Quichotte und die Windmüller

Honeckers Wiederkehr

Hinrichten. Alle, das ganze rote Gesocks. Sie sind sich einig, die beiden Damen im »Café Arkade«, und vierteilen ihren Baumkuchen mit einer Sorgfalt, die sie wohl gern auch dem gewesenen SED-Politbüro angedeihen ließen. Um Gottes willen, töten, wem nützt denn das? »Unseren Gefühlen nützt das, junger Mann«, sagt die eine, und ihre Freundin, mit Würde: »Man will doch innerlich zur Ruhe kommen.«

Diese Ostberliner Szene ist über zweieinhalb Jahre alt. Ein paar Tage zuvor hatte das Fernsehen die Leichen von Nicolae und Elena Ceauşescu angeliefert. Gerade noch, im Oktober 89, galt Honeckers Rücktritt als Inbegriff von Revolution, dann die Halbmillionen-Demo auf dem Alexanderplatz, dann der Fall der Mauer, dann der Sturm auf Wandlitz. Die Wirklichkeit entlief den Träumen, aber die Instinkte hielten Schritt. Erich und Margot: Irgend jemand sollte, irgend jemand müßte, irgend jemand hätte sie fast gelyncht, als Honeckers umziehen wollten, aus Pastor Holmers Haus der Barmherzigkeit ins brandenburgische Lindow. Richtig mit dem Knüppel übern Kopf, das wär's gewesen. Und dann: Ruhe, innerlich.

Heute tritt Brandenburgs Ministerpräsident vor die Presse, mit eben dem jovialen Lächeln, das, nicht gar zu lang ist's her, auch dem Großen Sekretär zu eigen war. »Wir sehen Erich Honecker ohne Haß entgegen«, sagt Stolpe – vox populi oder Potsdamer Pluralis majestatis? Viele Ostler verspüren auf Honecker durchaus noch kräftigen Haß. Den zu vermitteln, hätte das ARD-Team nicht bis Bautzen reisen müssen, vors »Gelbe Elend«, den übelsten DDR-Knast für *Politische*. Immerhin, da hört man's garantiert: »Honecker? An die

86

Wand. Der hat mein Leben kaputtgemacht.« Republik-flucht, erwischt, jahrelang gesessen, raus als Krüppel fürs Leben. Wer Honecker schonen will, soll auch die Opfer zur Gnade überreden.

In Berlin, Honeckers verwöhntem Ostberlin, geht man die Sache gelassener an. »Na toll«, sagt der Taxifahrer obenhin, als der Westberliner Pop- und Plapperfunk Honeckers Anflug aus Moskau vermeldet. »Nach dem hab ick mir jrade jesehnt.« Ostberliner Gespräche be-ginnen in diesen Tagen mit: »Was sagste zu Honecker?« und nehmen dreierlei Verlauf. Variante A: »Der alte Mann, genug bestraft.« Was wirklich empört, sind wen-dige Exbonzen. Variante B (die Margot-Variante): »*Sie* war viel schlimmer.« Variante C memoriert genüßlich Honeckers Staatsvisite in Bonn 1987 und freut sich auf ein gerüttelt Maß an Peinlichkeiten beim Prozeß. Und gehört E. H. vor ein Westgericht? Und hat man nicht andere Sorgen?

Verglichen mit Ceauşescu, empfängt ihn die freund-lichste aller möglichen Stimmungen: Erich – ein Sieger der friedlichen Wende. Die DDR-Zivilinstinkte kehren lange vor ihm zurück: Landfriede, Besinnung, Ohn-macht, Ironie. Honi, seines Dämons verlustig, ist fest in der Hand der Satire. Sogar ein bißchen Narrenweis-heit wird ihm zugestanden. »Der Westen«, vor dem der Alte so nimmermüde warnt, zeigt seinen bösen Grind, von *unseren Errungenschaften* hätte mancher manches gern zurück, und viele kleine Leute erfahren sich als zur großen Freiheit nicht geboren.

Und – täuscht das völlig? – auch von Westen her weht dem verstockten Greis ein leiser Dank entgegen: weil er nicht abschwor, weil er nicht beichtete in *Bild*, weil er noch immer die DDR preist als das Land, wo die Zitronen blühn. Wie sonst nirgends mehr, ist in Honecker das Absurde seines fortgewehten Staates treu-lich konserviert. Es war im Westen schwer, nicht zu triumphieren, als der praktizierende Marxismus pleite ging. Wenn nun der letzte Ritter von der traurigen Ge-stalt in die Schranken des Gerichtes tritt, blinkt noch einmal *Sieg der Geschichte*. Solange Don Quichotte rei-tet, haben auch die Windmühlen ihren Beruf.

Längst mißtraute man Bonns Verlangen nach Honecker, dem Republikflüchtling und Botschaftsbesetzer. Nun hat sich die Bundesregierung ehrlich gemacht und sitzt vortrefflich in der Bredouille. Daß dies kein politischer Prozeß werde, glaubt niemand. Nichts täte wohler, nichts fände im Osten mehr Respekt als aufrichtige Erinnerung jener Westpolitiker, die damals mit Honecker frohgelaunt Fotos füllten. Die Bilder kursieren ohnehin, jetzt aber als Futter für Häme.

Rudolf Bahro verlangt vom Westen die geistige Anerkennung der DDR. Ergo fordert er für Honecker einen standesgemäßen Ruhesitz in deutschen Landen, und zwar mit Schilderhäuschen und Posten davor. Bliebe zu hoffen, daß der Genosse Wachhabende nicht allzu rücksichtslos von der Schußwaffe Gebrauch machte.

Bahro hat recht: Mit der deutschen Vereinigung gehört die DDR endgültig zur bundesdeutschen Herkunft. Die alte Bundesrepublik täte sich keinen Gefallen, wenn sie die historische Logik der DDR ihrer eigenen Selbstrechtfertigung opferte. Beide deutsche Staaten verhalfen einander zu ihren polemischen Identitäten. Dies zu bereden wäre das ideale Ziel für einen Honecker-Prozeß.

Daraus wird wohl nichts, obwohl Honecker sich mit schonungsloser Selbstbefragung ein bißchen späten Respekt verdienen könnte. Es gibt im stasi-müden Osten durchaus noch Bedarf nach *diesem* Intimbericht von der Banalität der Macht. Aber der Greis, das ist sein inneres Gesetz, steht unter Druck, sein Leben gerecht zu sprechen, wie es gewesen ist, nicht wie es hätte sein können. Niemand kommt zur Klarheit, der nicht will. Honeckers ideologischer Fluchtwagen ist die Retourkutsche. Trauer über Mauertote? Ja, über die 25 erschossenen Grenzsoldaten. Recht hat er, bis ihm zugegeben wird: Auch die gehören in die Trauer.

Emotional ist der Honecker-Prozeß eine Illusion. Noch wähnen sich seine biographischen Verfechter mit den Formaljuristen verbündet und weisen ihr zerstörtes Leben vor. Das kann die Justiz nicht heilen. Größere Erlösung als durch den Fall der Mauer wird niemandem geboten. Mir gehört es zur Freiheit von der DDR, daß ich Erich Honecker nicht mehr übel will. Kein Urteil macht glücklicher, als kein Urteil zu brauchen.

Und darum geht's. Der Prozeß würde die überlegene Fairneß rechtsstaatlicher Justiz anhand ihrer Ohnmacht demonstrieren. Geld, Zeit, unglaubliche Energien würden verwandt, um vielleicht, eventuell und möglicherweise ein Urteil zu fällen, das jedermann schon hat – nur damit die Geschichte sprechen kann: Es steht geschrieben. Die Geschichte hat schon gesprochen. Honecker war der Satrap der sowjetischen Besatzungsmacht – was ihn so sehr und so wenig entschuldigt wie Pontius Pilatus. Die Bundesdeutschen hätten keine schlechteren DDR-Bürger abgegeben – was ihnen nicht vorgeworfen werden kann. Die Geschichte gab dem Westen einen Glückskredit, den er abarbeiten mußte. Wie 1968 die ersten Bundesdeutschen ihre Kinder nicht wiedererkannten, so werden sich in zehn Jahren die DDRler den ihren erklären müssen. Kein verurteilter Honecker spricht sie dann vom Opportunismus frei. »ER-ICH« titelte die *Junge Welt* zu Honeckers Willkommen.

Unvergeßlich eine Zugfahrt von Berlin nach Halle, irgendwann tief in den Zeiten der DDR. Am Freitagabend waren die Züge voll von johlenden Soldaten auf Heimfahrt, die kübelten sich zu. Schön war das nicht, doch die Jungs mußten ihr bißchen Freiheit feiern. Aber die hier, die beiden Grenzer, begossen Sonderurlaub. Waidmannsglück: Einen, der *rüberwollte*, hatten sie *von der Platte geputzt*. Und der Schnaps und der geile Stolz glitzerte aus schmalen Augen in schwitzenden, gedunsenen Gesichtern. Was wäre Honeckers *Grenzregime* gewesen ohne so treffliche Interpreten?

August 1992

89

Am Ende einer Posse

Honeckers Abgang

Da, da, jetzt beißt er in das Käsebrötchen. Huhu, Herr Honecker! Jetzt hat er geguckt. Lächeln Sie mal! Wir lächeln doch auch. Hier, das Foto, wissen Sie noch? Was fühlen Sie denn so auf diesem Flug? Fühlen Sie was? Bißchen O-Ton, Herr Honecker, das geht doch auch mit Krebs. Oder wenigstens die Faust recken, natürlich ohne Brötchen.

»Du armer Schelm«, sagt König Lear zu seinem Narren, »mir blieb ein Stück vom Herzen noch, und das bedauert dich.« Darauf der Narr: »Wem der Witz nur schwach bestellt, der füg' sich in den Lauf der Welt.« Showtime mit Stargast vor Gericht, das zog die Gaukler an. Hokuspokus, und der Nebenkläger machte aus dem echten Erich seinen Doppelgänger. Simsalabim, und der Tele-Doktor wandelte den Leberkrebs zum Fuchsbandwurm. Justitia nahm die Binde von den Augen und erbat ein Autogramm. Am Ende der Posse, die ein Jahrhundertdrama hatte werden wollen, durften auch die Kritiker mit auf die Bühne: Huhu, Herr Honecker, von Moabit bis Santiago de Chile. Zurück im Osten blieb das Publikum. Dort herrscht ergriffener Respekt, wie der neue Rechtsstaat so ehrlich seine kleinen Schwächen zeigen kann.

Es war nicht unser Prozeß. Nichts trug er dazu bei, mit dem Leben in der DDR ins reine zu kommen. Jene behielten recht, die ohnehin verzichten mochten auf ein Schauspiel, das so denkbar ungeeignet war, deutschdeutsche Rechtsvereinigung zu demonstrieren. Wer den Prozeß gewollt hatte, sah sich geprellt um seine legitimen Lüste. Hatte nicht der *FAZ*-Kommentar amtlich garantiert, es würde keine Rechtsstaatskatastrophe, falls Honecker in der Haft *stürbe*? Solch männlicher Konjunktiv und nun dies schlappe Ende. Von »Sieg« sprach Honecker. Lacht der etwa über uns? Das können wir selber.

Den Häftling Honecker besuchen, wie wäre das gewesen? Ihn leise anreden, nicht hofierend, nicht brüskierend. Ihn fragen, wann es begann, daß der Kahn DDR Schlagseite kriegte. Schauen, ob ihm irgendein Zweifel verblieb, ein menschlicher Überschuß im ideologischen Null ouvert. Einfach sehen und beschreiben, wie der Alte sitzt und schweigt, nachdem er ja immer nur stand und tönte: *Der Sozialismus, niemals werden wir, mit aller Entschiedenheit, die große, ruhmreiche, selbstverständlich ist uns klar, unsterblich,* ja, das war's: Ihn *sterblich* finden, ihn irgendwie – bewegen: E. H., das starre Maß aller Dinge, die er denken konnte in unser beider Land, das seiner Größe glich. Vorbei! sollte er sagen. Und hören sollte er, daß jetzt was Neues angefangen hat, wovon er wenig wüßte.

»Versprechen Sie sich nicht zuviel von so einem Besuch«, sagte Honeckers Anwalt Nicolas Becker. »Die erste halbe Stunde wird er sich als Staatschef geben, und dann ... Diese Herren haben ein unglaubliches Gedächtnis für Fakten und positive Details. Hier das Kindergeld erhöht, dort die dreihunderttausendste Neubauwohnung übergeben.« Analyse, Selbstkritik sei nicht zu erhoffen, meinte Becker, besorgte aber Honeckers Einverständnis, ihn aufzusuchen. Nun mußte der Richter entscheiden.

Drängender Brief an Herrn Bräutigam. Keine Reaktion. Anruf bei Bräutigam: Ja, der Brief sei da, Antwort demnächst. Nachfrage bei Bräutigam: Bescheid längst unterwegs, müßte lange eingetroffen sein, wo ist denn die Kopie, Moment mal, nanu. Mein Schreibtisch, Stapel, sag' ich Ihnen, Hunderte solcher Anträge. Ob auch aus dem Osten? Weiß ich nicht, kenne ich nicht, werde mich auch hüten. »Das ist aber wichtig, Herr Bräutigam. Die Ostdeutschen reagieren ziemlich allergisch, wenn der Westen ihnen die Vergangenheit aufarbeiten will.« Da wurde er ganz traurig und wild und klagte, deshalb sei vermutlich all seine Liebesmüh zum Scheitern bestimmt. Und jetzt – er raschelt mit den Akten –

91

würde er »sehr gern auflegen«. Sieben Tage später schrieb Bräutigam den »längst abgesandten« Brief: Honecker zu besuchen, könne er nicht gestatten. »Ein derartiges Gespräch ... gefährdet die Wahrheitsfindung in der Hauptverhandlung.«

Es gab keine Wahrheit zu finden für dieses Gericht, nur Indizien ihrer Spuren. Die Anklage griff zu kurz. Das Delikt hieß DDR, und jeder mögliche Spruch des Westberliner Landgerichts war vorab banal geworden durch das Urteil östlicher Geschichte. Was er sagen konnte, hat Honecker gesagt in seiner »persönlichen Erklärung« – als wäre die DDR ihm privat zu eigen gewesen, als hätte dort je sich die Person erklären dürfen wider die Staatsräson. Kein Wort über seine Mitschuld an die Perversion der sozialistischen Idee. Kein Gedanke, warum wohl die Gläubigen der großen Religionen versteinern, sobald sie aus den Katakomben steigen, auf die Throne ihrer gestrigen Bedrücker. Der alte Manichäismus blieb erhalten: Nacht oder Licht, zurück oder vorwärts mit Bebel, Rotfront und der DDR gegen Kaiser Wilhelm, die Gestapo und den Adenauer-Staat.

Doch eine bessere Rede hat er nie gehalten als die in den Katakomben von Moabit. Er durchblätterte die ganze Agenda des Kalten Krieges, das wilhelminische Erbe, die Klassengeschichte deutscher Industrialisierung. Und wie er schloß, das war klasse: »Tun Sie, was Sie nicht lassen können.« Er dachte dabei wohl an die historischen Abgänge von Liebknecht und Dimitroff. Wir dachten an Erich, den Mairedner.

Jetzt ist er weg und stört nicht mehr unser Gespräch über die Vergangenheit. Man laste ihm nicht so sehr den Bau der Mauer an, deren segensreiches Wirken er ab Sommer 1989 bestätigt fand. Man werfe ihm vor, daß er und seinesgleichen als Veranstalter eines Gemeinwesens so hoffnungslos überfordert waren; daß sie ihr Mittelmaß zum Niveau erhoben; daß ihnen die Phantasie zum zivilen Staat gebrach; daß sie nichts wußten über Psyche, Liebe und Musik. Von ihren kleineren Defekten – Fressen, Saufen, Hasenschießen – müssen wir nicht mehr reden.

Aber über uns: was uns verharren ließ auf dieser Briefmarke Erde, da alles immer besser wurde und nichts gut. Die DDR endete 1953. 1956 war Schluß. 1961 ging's nicht mehr weiter. 1968 starb die letzte Illusion. 1971, mit Honecker statt Ulbricht, fing die DDR von vorne an. Man mußte nur jung sein und verspielt, unverletzt von den gewesenen Desastern. Die Haare wuchsen, die Musik drehte auf, und da Honecker hierzu nickte, nickte man auch zu Honecker, wenn er von den jungen afrikanischen Nationalstaaten sprach, von Vietnams Heldenvolk, von Angela Davis, die der kalifornische Gouverneur Ronald Reagan in die Gaskammer schicken wollte.

Im Jahre 1973 kamen die Weltfestspiele der linken Jugend und Studenten nach Ost-Berlin und überfluteten die DDR mit einer kleinen Welle von Sommer und Musik. (Die Propaganda hörte man sich weg.) Es paßt zur Zeitenwende, daß während des Festivals Walter Ulbricht starb. Und dann, im September, der Anti-Allende-Putsch in Chile. Man erstarrte. Der Staatsbürgerkunde-Lehrer verriet, was ihm im *Parteilehrjahr* eingetrichtert worden war: »Spätestens im Frühjahr wird die Flotte der Roten Armee in Chile landen. Aber behaltet es noch für euch.« Die Klaus-Renft-Combo sang »Chilenisches Metall« und »So starb auch Neruda, starb wie Lorca starb, sein Freund«, und irgendwie wurde das eins mit Jimi Hendrix' »Machine Gun« und Neil Youngs »Four Died In Ohio«.

So war das; so ging das ganz gut mit der Heimat DDR, bis die Renft-Combo verboten wurde, Biermann außer Landes flog und viele der Besten ihm folgten. Wir blieben. Warum? Aus christlichem Pathos? Vage hoffend auf *Veränderungen*? Alles Ausflucht: Es muß wohl erträglich gewesen sein, es war *zu Hause*. Staatsziel Kinderland: *Geborgenheit* und *Sicherheit*. Wie schaffte man es zu glauben, dieser Winzling DDR sei nach Größe und Geist geeignet, ein ganzes Leben darin zu verbringen? Und immer zu wissen, was alles *passierte* im Land. Das klärt uns kein Gericht. Und kein Honecker.

Januar 1993

93

Münchhausen auf dem Karussell

Manfred Stolpes Aufklärung

Endlich. Stolpe gibt es zu. »Ich habe nicht in doppeltem Sold gestanden«, sagt er; der Saal ist totenstill. »Ich war ein Mann der Kirche. Aber«, und nun kommt, worauf viele mehr warten als auf jede Stasi-Konfession, »wer mit dem Teufel Suppe ißt, bekleckert sich den Schlips. Ich litt nicht zu erheblich in der DDR. Ich habe es genossen, mein Blanko-Mandat, mit den Mächtigen zu handeln. Ich lächelte nicht gern und nicht ungern an ihrer Seite. Es ist wahr, ich glaubte nicht, die Russen würden je verzichten auf ihr Faustpfand DDR. Und darüber sollte meine Lebenszeit verstreichen, als Chef einer miefigen Kirchenbehörde? Ich hatte – bei Kirchens ein Tabu – Ehrgeiz und Talent zur Macht. Ich war und bin Manager. Taktik wurde mein Wesen. Das Konspirative des antiöffentlichen Staates DDR kam meinem Naturell entgegen. Was die DDR so klein sein ließ, hat mich erhöht.«

Schweigen. Still sitzt er da, das Haupt gesenkt. Der Ausschußvorsitzende Bisky klappt die Hefter zu. Chefankläger Nooke verläßt seinen Platz, tritt zum Zeugen und legt ihm die Hand aufs Kreuz. »Bruder Stolpe, wir vergeben Ihnen.« Stolpe blickt auf: »Und meine Brandenburger?« – »Die sowieso.«

So ist es natürlich nicht gelaufen am Freitag letzter Woche in Potsdam. Von Blitzlicht umwettert, erschien Manfred Stolpe vor dem Untersuchungsausschuß, als probte er den Auftritt mit der Queen. Er bitte um Verständnis, doch sei seine christliche Demut am Ende. Zehn Monate Vorurteile und Medienhatz! Aplomb: »Ich frage – Sie, meine Damen und Herren hier im Saal und die deutsche Öffentlichkeit: Kennen Sie jemanden, der zur Mauerzeit in mehr hoffnungslosen Fällen geholfen hat?« Da werde man – er mäßigt sich – »höchstens zehn finden, vielleicht sogar weniger. Was sich hier abgespielt hat in den Äußerungen von Herrn Rainer Eppelmann, war eine einzige Unverschämtheit und Beleidigung.« Verrat warf ihm Eppelmann vor, während er, der Landesvater, ruhelos die Mark bereiste, sich ums Kraftwerk Jänschwalde sorgte und dem Recht aufhalf gegen die Rechtsradikalen, »damit wir hier in Brandenburg rauskommen aus dem schwarzen Loch. Ist ja schön, daß es hier keine anderen Sorgen gibt als 'ne Stasi-Medaille.«

Es gab sie. Eppelmann griff tiefer. Zum Vorschein kam das Elend des Fundamentalisten. Einen anderen Stolpe habe er *damals* kennengelernt: immer hilfreich, jedermanns offenes Ohr, wenn's gegen Willkür ging. Stolpe besorgte Kopiertechnik »auf diplomatischen Wegen«, schützte Eppelmanns Berliner »Bluesmessen« für randständige Jugend vor staatlicher Schikane und holte ihn 1982 aus der Haft. Dorthin hatte den borstigen Pfarrer der mit Robert Havemann verfaßte »Berliner Appell« gebracht.

Später kam Stolpe zu ihm nach Hause: Ob er nicht Superintendent in Havelberg werden wolle? »Da habe ich als Fachschultheologe mich gefreut, daß der höchste Jurist der Kirche erkannt hat: Eppelmann kann was.« Es ist sein bester Satz. Die Eitelkeit menschelt, je näher man kommt. Eppelmann: ein romantischer Parvenu der Opposition. Der gelernte Maurer, der Landsknecht brachte es zum Ritterschlag. Nun liest er Akten aus der alten Zeit und erlebt, daß der große geliebte Stolpe ihn mit Kalkül behandelt hat und nicht von Gleich zum Gleichem. »Ich sollte weg aus Berlin.«

Das ist ein Vater-Sohn-Konflikt, bemerkt Ausschußmitglied Zarneckow (SPD) und fragt Eppelmann, ob Stolpe ihm geschadet habe. »Es gab Lavieren und Reden mit doppelter Zunge. Mir gegenüber hat Stolpe zum ›Berliner Appell ‹gesagt: Mensch, mach Junge, das is det, was dran is. Und gegenüber dem Staat erklärt er, es sei friedensgefährdend.« Hat Stolpe ihn je gedrängt, die DDR zu verlassen? – Nein, aber mit heutigem Wissen wäre er damals nie zu Stolpe gegangen.

Das war auch schlecht möglich vom Gefängnis aus. Jahrelange Haft und Ausreise standen zur Wahl. Stolpe arrangierte (und keiner fragte wie), daß die Strafverfolgung ausgesetzt wurde. Bis 1989 hing das Schwert über Eppelmanns Haupt. Es fiel nicht. Nun befindet der Verschonte, der Schützer sei eindeutig kompromittiert. »Mein Vertrauen ist zerstört.« Oder die Märtyrerkarriere?

Dem groben Klotz ein grober Keil. Eppelmann bringt Stolpe groß in Form. »Was denkt eigentlich Herr Eppelmann, wie und von wem diese Bombe entschärft worden ist? Glaubt Eppelmann, er hätte auch nur drei Bluesmessen durchführen können ohne die Unterstützung der ganzen Kirche? Ich hab in meiner ganzen Verhandlungstätigkeit mit den staatlichen Stellen über niemanden so lange und so gut geredet wie über Eppelmann.«

Der wäre geschafft. Anders Rudi Pahnke, Ostberliner Pfarrer, Jugend-Dezernent beim DDR-Kirchenbund, jetzt Studienleiter der Evangelischen Akademie Berlin-Brandenburg. Pahnke, geistiger als Eppelmann und ohne dessen öffentliche Bedürfnisse, erklärt, wie Stolpe peu à peu 1979 dem Wehrkundeunterricht zur Akzeptanz verholfen habe. »Er hat gegen kirchliche Verabredungen gehandelt. Er kam auch auf Jugendveranstaltungen und hat Themen verändert zum Freundlichen hin. ›So wird die Kirchenleitung das nicht tragen‹, hieß es dann« – getreu Albrecht Schönherrs Wort: Wir müssen immer unter der Schwelle der Konfrontation bleiben. Die Konfrontation ging aber vom Staat aus. Die Kirche wiegelte ab. Pahnke fand in seinen Stasi-Akten eine Vollzugsmeldung: Es sei gelungen, ihn und Eppelmann der Kontrolle des IM »Sekretär« zu unterstellen. Besonders verletzt Pahnke, daß Stolpe ihn in den vertraulichen Beraterkreis der Berlin-brandenburgischen Kirchenleitung holte, dessen Interna dann »die staatliche Seite erfuhr«. Stolpe: »Im Grunde ist das, ja, wenn Sie wollen, äh, ein ethisches Problem.«

Entlastung naht. Friedrich Winter, ehedem Probst im Konsistorium: »Ich lehnte für mich Stasi-Kontakte grundsätzlich ab. Ich verurteile aber niemanden in einer Leitungsfunktion, der meinte, um seiner Verantwortung willen solche Kontakte haben zu müssen.« Bei Stolpe sei sein Problem, »daß ich nie gefragt habe: Wo warste denn?« Oberkonsistorialrat Pettelkau erlebte »Stolpe immer als jemanden, der den Oppositionellen die Stange gehalten hat. Ohne ihn hätte die ›Kirche von unten ‹ nicht Fuß fassen können. Für den Staat sollten wir ein bißchen Hilfspolizei spielen und die Gruppen unter Kontrolle halten.« Es folgt die trefflichste *job description* für seinen alten Chef:»Stolpes Aufgabe bestand darin, alle Meinungen zusammen und im Gespräch zu halten.« Er sprach mit allen – getrennt. Jeder wähnte ihn auf seiner Seite. Dies war das Geheimnis des großen Kommunikators.

Nächtliche Pause. Ausschuß und hundert Journalisten bedürfen der Ruhe, gilt es doch morgen früh, halb acht, zwei Medienhelden zu ertragen. Da naht schon der erste: Joachim Wiegand, Ex-Abteilungsleiter im Stasi-Departement XX/4, jetzt Zeuge für Stolpes Aussage, er habe seine DDR-Verdienstmedaille 1978 nicht vom MfS erhalten, sondern vom Staatssekretär für Kirchenfra- gen. Hans Seigewassers Kontingent, sagt Wiegand, sei erschöpft gewesen; da habe er die Plakette besorgt. Ganz anders Stolpes »Führungsoffizier« Klaus Roßberg. Der will das gute Stück Stolpe persönlich verpaßt haben, und zwar im Köpenicker Stasi-Objekt Wendenschloß.

Man erfährt: Wiegand, das heißt die Wahrheit, ist in hoher Gefahr. Ihn bedrängt Jürgen Perduss, der ob- skure Nachrichten-Händler, durch dessen Vermittlung Roßbergs Sat 1-Beichte zustande kam. »Der hat mir eröffnet, entweder ich springe heute über die Klinge, oder ich begebe mich auf die Linie von Herrn Roßberg. Er würde mich sonst fertigmachen mit Gauck-Unter- lagen.« Warum? »Er hat mir eröffnet, er haßt Stolpe und alle, die diesem faschistischen Regime gedient haben, und er wird sie einen nach dem anderen zur Strecke bringen.« Aber Roßberg tue ihm leid. Besorgt höre er von seinesgleichen, dem Roßberg müsse man »mal rich- tig mit dem Knüppel drüberziehn«. »Ich hab' gesagt: Um Himmels willen, da sollen wir doch hingedrückt werden, daß sich die Stasi gegenseitig fertigmacht.«

Roßberg tauchte ab. »Galina‹ sag ich zu seiner Frau, ›wo ist denn der Klaus?‹ – ›Weg. ‹Dann rief er mich an, fünf vor Mitternacht. ›Mensch Klaus‹, sag' ich, ›wo bist du denn?‹– ›Weg. Ich kann nicht mehr. Ich packe aus.‹ Roßberg sei hochverschuldet, ohne Arbeitslosengeld. Er, Wiegand, habe ihm Anwalt und Arbeit versprochen. Ausschußmitglied Nooke (Bündnis 90): »Wie kommt das denn, daß Sie so was vermitteln können?« – »Na, Herr Nooke, weil ich im Ost ..., äh, in den neuen Bundesländern Hinz und Kunz kenne.« Freude im Saal. »Ich kenn' zum Beispiel eine Firma, die macht Sicherungseinsätze bei der Reichsbahn.« Jubel auf den Plätzen; Wiegand steigert sich. »›Geh da hin, Klaus‹ hab' ich gesagt, ›da verdienste pro Stunde elf Mark.‹ – ›Mensch‹, sagt er, ›da muß ich doch den ganzen Tag an der Strecke stehn.‹

Der Saal ist begeistert. In der Pause gewährt Wiegand, umringt vom publizistischen Pulk, huldvoll sächselnd etwas Hintergrund – oder auch nicht. (»Sie wissen schon, warum ich nicht mehr mit Ihnen spreche.«) Die Stasi, vernimmt man erfreut, sei »besser gewesen als die Russen im Umgang mit der Kirche. Die haben die Leute in Lager gesteckt. Das ist hier nicht passiert.«

Roßberg kommt, klein und deprimiert, aber in der Sache hart. »Es hat mein zunehmendes Erstaunen auf den Plan gerufen, daß Vergangenheitsbewältigung nach dem Prinzip der Camera obscura betrieben wird. Das hat bei mir die Meinungsbildung verstärkt, zur Klarheit beizutragen.« Schmerzlich sei ihm aufgegangen, »daß die Lehre der SED von der führenden Rolle der Partei etwas zutiefst Reaktionäres ist, und die Kirche hat das voll mitgetragen. Die Verlagerung der Gespräche auf ausschließlich humanitäre Fragen kann ich nicht nachvollziehen.« Also sprach der neuerdings »anders denkende« Roßberg, der jetzt »die ganze Maschinerie der Arroganz der Macht zu spüren bekommt«.

Das Geld von Sat 1. Nach etlicher Qual ist es heraus. »Bis zu 25 000 Mark« soll Roßberg bekommen, darunter Miete für eine Zweitwohnung, in die er sich verkriechen will, bis der Mediensturm vorüber ist. Fast tut er einem leid. Einst heimlich beglänzt von Stolpes Ruhm, fällt

er und fällt, nun auch noch durchs Netz der Stasi-So-
lidarität. Eins aber hat er noch in petto: Stolpe, sagte
er im Frühjahr aus, habe manchmal »ein nettes Buch«
von ihm bekommen. Nun hört man: ein Faksimile vom
Atlas des Großen Kurfürsten für viereinhalbtausend
Mark. Auch habe er Stolpe aus eigener Tasche für tausend Mark ein antiquarisches Stück geschenkt.

Dann kommt es zum Schwure. Beide, Wiegand und
Roßberg, beeiden, was der andere bestritten hat. Zwei
schwören, einer log. Wenn's langt.

Finale. Stolpe, zweiter Auftritt. Der Atlas? Ging gleich
in den Fundus und ward alsbald Gabe zum Sechzigsten
für einen bundesdeutschen Kirchenfunktionär. Priva-
tes von Roßberg? Nicht erinnerlich. »Ich habe zuneh-
mend das Gefühl, daß wir in Deutschland in Gefahr
geraten, daß Vergangenheitsbewältigung von Verbre-
chern manipuliert wird. Da müssen wir alle miteinander aufpassen.« Vorerst müssen wir heim, geleitet von
des Landesvaters grimmigem Resümee: »Ein interes-
santer Tag mit der Queen.«

So könnte, so wird das weitergehen. Der Stolpe-Aus-
schuß steckt fest. Siegen kann hier keiner, nur verlie-
ren. Stolpe verliert die grandiose Überschätzung seiner
Person, die ihn, im Guten wie im Argen, dorthin geführt
hat, wo er heute ist. Ob er lügt *oder* ein Mann der
Kirche war – ist das noch die Alternative? Den Oppo-
sitionellen der DDR verblaßt die Aura ihrer Autonomie.
Ähnlich ergeht es »der Kirche«, die begreift, wie weit
weniger unabhängig als angenommen sie gewesen ist.
Ironischerweise hat ihr damals die Illusion geholfen.
Physikalisch unbelehrt, zog Münchhausen sich und sein
Roß am Schopfe aus dem Sumpf. Jetzt fährt er Karussell.

Vielleicht gewinnen »Stolpes« Brandenburger, da sie
ihm doch gewiß die Metamorphose verzeihen: vom Ossi-
Superstar zum Spiegelbild. Auch nur ein Mensch. Auch
gekungelt. Auch nicht besser als sie. Da können sie
nicht schlechter sein – wenn man ein Auge zudrückt.
Oder zwei.

Oktober 1992

Der Pyromane
Wolf Biermanns gewaltiges Schreiben für das Gute und gegen das Böse

»Some are born to preach God's word
and some are born to kill.«
(Dave Alvin: Andersonville)

Einer lag im Märchenbrunnen. Einer war über die Parkbank gebreitet, dem fehlte der Kopf. Einer steckte am Missionshof auf dem eisernen Zaun. Einer hing am Durchgang zur Höchsten Straße, nahe dem Spielplatz. Als sie morgens zum Kindergarten trabten, Hänsel und Gretel, Gerda und Kai, da hub unter den Kleinen ein großes Rätselraten an: Wessen Papa hängt denn da?

Und wenn sie nicht gestorben sind, so leben sie noch heute. Doch hätte sich's so abgespielt im Herbst 89, ich könnte hier nicht bleiben. ER aber wäre jauchzend den Lynchbrüdern in die Arme geeilt, ja (dürfen wir neuerdings hoffen): ER hätte selbst das lange Messer blitzen lassen im Stahlgewitter des Zorns. Ans Schwert! Gelobt sei, was hart macht! O du gerechte Schreibtisch-Erektion: viel Feind, viel Bier, viel Ehr, viel Blut. *So oder so – die Erde wird rot*, vom Saft der Stasi-Schweine.

Wer Menschen Schweine nennt, will auch schlachten, sprach vor drei Jahren der Praeceptor Germaniae, der bei seinen lieben Ossis längst unser lieber Wölfi heißt. Er kam nach Ostberlin zu einem Konzert alter DDR-Barden, die *man* ins Westexil getrieben hatte. Bettina Wegner verströmte störrische Rührung, Stephan Krawczyk Rotz und Trotz und ER, Biermann, wahre Kaskaden revolutionärer Wasserkunst. Er sang von Gorbis Ermutigung, schwadronierte, träumte nicht enden könnend von Robert Havemann im Kirschbaum zu Grünheide, bis Eva-Maria Hagen aus der Kulisse rief: »Wolf, es reicht!«

100

Es reichte nicht, weder Biermann noch dem Publikum. Dreizehn Jahre war er fort gewesen, unvergessen und geliebt von allen, die in der DDR wider den Stachel löckten. Man tippte seine Texte ab. Man kopierte verrauschte Kassetten. Wolf Biermanns Kölner Konzert im Spätherbst 1976, per ARD über die Grenze gelangt, und der folgende Rauswurf des Sängers wurden unzähligen DDR-Geborenen ein Symbol, was von ihrem Staat zu halten sei. Nun, endlich, war ER wieder da, drosch die Klampfe, krächzte, schrie und tremolierte wie einst »in China hinter der Mauer«. Jetzt war die Mauer auf, stand aber noch. In Leipzig marschierten die Einheitsdeutschen. Keine Wiedervereinigung, beschwor Biermann, vor allem nicht *wieder* ... Und: Raus aus dem Teufelskreis der Rache!

Das tut ihm heute bitter leid. Man glaubt, böse zu träumen, liest aber schlicht Biermann im letzten Text seines neuen Buches »Der Sturz des Dädalus« (Verlag Kiepenheuer & Witsch; Vorabdruck im *Spiegel* Nr. 39/92): »Falls im Grauen des Morgengrauens, wenn die Diktatur gestürzt ist und das neue demokratische Recht noch nicht gilt, der Pöbel schreit: Hängt das Pack auf – dann gehöre ich zum Pöbel ... Wer hängt die Aristokraten an die Laterne? ... So eine verbrecherische Triebabfuhr im Affekt mindert den gefährlichen Selbsthaß des demoralisierten Volkes.«

Herrlich! Man denke: Bruder Ostmensch (28), vierzig Jahre unter den roten Schweinen gelitten, trifft im Morgendämmer der Revolution auf einen seiner Bedrücker. Wie arg die Schuld des Luders, sieht man nicht genau; wie gesagt: Es dämmert erst. Da sich das Exopfer in Gesellschaft einigen Heldenvolks befindet, der Täter aber nicht, hängt der Lump alsbald am Ahornbaum. Auftritt Biermann: Umarmung. Dann schreiten sie heim, Seit' an Seit', dem Morgenrot entgegen, frühstücken, treten einer demokratischen Vereinigung bei und zeugen schleunigst Enkel, ihnen zu erzählen, wie dieses bessere Deutschland zustande kam. Und diese besseren Deutschen: durch Ausmerzung lebensunwerten Selbsthasses. Die Georgier, Armenier und Aserbaidschaner, die Serben und Kroaten, die Rumänen haben es vorgemacht und sind heute stolze, freie Völker.

Wer übrigens blieb völlig unversehrt vom klammheimlichen Kitzel, als zur Weihnacht 89 das Fernsehen die Leichen der Ceauşescus bescherte? Jetzt las man, Michael Jackson habe zu Bukarest in des Diktators Bett geschlafen und sich – *get your kicks!* – mit Ceauşescus Motorboot vergnügt. Derlei Demokratie muß man zum Glück nicht fürchten bei Wolf Biermann, den es weder nach Mielkes Hut gelüstet noch nach Honeckers Videorecorder, Weib, Knecht, Magd, Vieh und allem, was sein war.

Man mag gegen Biermann sagen, was man will – im Moralismus bleibt er sich zuverlässig treu. Es gibt Recht und Unrecht, Anstand und Sauerei. »Man muß nicht selbst gemordet haben, um zu wissen, was Mord ist.« Unterschrieben!

»Das Kapital der Intellektuellen ist die Ausrede« (Thomas Brussig). Als Biermann vor einem Jahr sich für den Büchner-Preis bedankte und bei dieser Gelegenheit Sascha Anderson »Arschloch« hieß, bestürmte ihn Empörung. Die flaute ab in dem Maß, wie Andersons Stasi-Spitzelei bewiesen wurde. Schlimm war, daß Biermann gleich die ganze Szene vom Prenzlauer Berg abholzen wollte. Er verstand nicht und wollte nicht verstehen, welch sensible Wege dieser Ostberliner Dichterbund beging mit seinem »strukturalistischen« Konzept der subversiven Un-Politik. Verstand nicht: weil Biermann kein ironisches Leben führte und frei war von Trug und Selbstbetrug. Kein Stillhalten, keine Konspiration, kein arrogantes *gentlemen's agreement* mit Schuften. Wollte nicht verstehen: weil er abhob, sich und seinen Widerstand bis 1976 zur Klassik erhob, wonach es nichts mehr an Verweigerung, das ihm fremd gewesen, gegeben haben könnte in der DDR. Biermann erträgt nicht, daß ihm der Osten abhanden kam. Seine Tragik liegt im Deutungs-Monopol, das er über, für und gegen »seine lieben Ossis« reklamiert.

Immerhin, verglichen mit dem *anything goes* vom Prenzlauer Berg, wirkt Biermann wie ein ehrlicher, alter Rock'n'Roller unter postmodernen Poppern. Er hat

102

Stimme und Text und legt nicht jedwede Absicht kryptisch ins Ermessen eines stilbetörten Publikums. Er mag eitel sein und ein bißchen autistisch – mißverständlich ist er nicht. Sein unsäglicher Brief an den »verehrungswürdigen Greis« Lew Kopelew war eindeutig: Feuerwerk zur eigenen Herrlichkeit, ohne Rücksicht auf Verluste.

Seit einiger Zeit nimmt Biermann Züge eines Pyromanen an. Das zündelt und zischt, das donnert und blitzt, und im Golfkrieg kam noch tosendes Rasseln hinzu statt der einzig gebotenen Sprache: der des Entsetzens. Egal, wie hernach die Ratio entscheidet: Die *Moral* des Generals ist der Skrupel. Aber Biermann verwahrt sich gegen den allgemeinen Zug zur Amoralität – und redet ihr martialisch das Wort. Er kann nur schreiben, wenn ihn der Furor teutonicus befeuert. Mit anderen Worten: er fährt immer im vierten Gang. Und immer dieselbe Strecke.

Mehrmals schon rief er sich selber zu: Nun aber genug mit der Stasi-Schreiberei! »Der eiternde Dreckverband ist abgerissen.« Er kann's nicht lassen. Wolf Biermann führt die Garde jener an, die sich am Thema Stasi festhalten wie an ihrer Lebensversicherung. Das Große Vergessen und Verdrängen nimmt sie in die Pflicht – aber ihre monokulturelle Publizistik befördert wiederum, was sie bekämpfen. Und so, im Namen rigorosen Rechts, tauft man Straßen um, zerlegt ein Denkmal, vielleicht einen Palast aus der vorigen Zeit, schaßt, wenn Vernunft nicht siegt, den Intendanten des Ostberliner Gorki-Theaters – und tut, als sei mit solchem Tat-Ersatz geleistet, was man nicht zuwege bringt. Indessen marschieren die Nazis, flüchten die Asylanten, brennt die Gedenkstätte im KZ Sachsenhausen.

Bis endlich hierzu der Biermann-Artikel eintrifft, sei die Hinweistafel zitiert, die vor dem KZ errichtet steht. Dort heißt es in lauterster Absicht und purstem Bundesdeutsch: »Liebe Besucher! Diese Gedenkstätte wurde von den kommunistischen Machthabern vor der Perestrojka und der Wende zum Gedenken an die Opfer der Nazi-Verbrecher errichtet und gestaltet. Das Ende der kommunistischen Herrschaft und die Vereinigung unseres Landes in Frieden und Freiheit macht es möglich, auch derer zu gedenken, die nach 1945 unter der sowjetischen Besatzungsmacht und dem DDR-Unrechtsstaat im Widerstand Freiheit, Gesundheit und Leben geopfert haben. An der erforderlichen Neugestaltung dieser Gedenkstätte wird zur Zeit gearbeitet.« Wie am 26. September gemeldet, fanden sich Mitarbeiter – gegen beiderlei Erinnerung. Die junge frißt die alte.

Gleiches begegnet Gleichem. Sie passen zueinander, der Stasi-Akten-Potentat auf dem Pfauenthron und der landesväterliche Resident zu Potsdam. Der eine kann nicht sagen: So war die Zeit. Der andere nicht: Ich bin unter doppelter Flagge gesegelt. Und hoch oben über beiden regiert noch immer der Mythos, allein des Volkes Freiheitswille habe der DDR den Garaus gemacht. Was, wenn diktatorische Staaten wirtschaftlich überlegen wären?

Zu den großen Rätseln des Herbstes 89 gehörte die allgemeine Verklärung der Masse. Das Ostvolk derart zu adeln, mußte man schon sehr einheitstrunken sein oder sehr lange außer Landes. Kaum erlosch des Volkes Gloriole, wurde es beschimpft. Die DDR war das Stammland mittlerer Charaktere, viele Aufrechte darunter – viel zu wenige für einen Wahlsieg oder auch nur ein stilles Geschrei der Ehrlichkeit. Wer hätte denn in den Tagen des Zorns »gesundes Volksempfinden« exekutieren dürfen? Bärbel Bohley? Jene Tapferen, die schon wieder am Katzentisch sitzen? Und, da Biermann so gern biblisch kommt: »Ich will hinfort nicht mehr die Erde verfluchen um der Menschen willen«, sprach Gott, als seine Sintflut ihn reute, »denn das Dichten und Trachten des menschlichen Herzens ist böse von Jugend auf.«

Es steht dahin, ob das auferstandene Ostvolk bei seiner Revolution auf Gewalt verzichtet hat oder zu Gewalt nicht fähig war. Vermutlich beides. Außer Frage ist, ob die 89er Wende Revolution zu nennen sei. Was war das denn sonst, dieser ungeheure Einsturz aller depressiven Ewigkeit? Und – Wunder! – das Leben ging weiter mit »Saat und Ernte, Frost und Hitze, Sommer, Winter, Tag und Nacht«.

Lieber Wolf Biermann! Heldenvölker gibt es nicht. Volk zerfällt unübersehbar in Helden, Lumpen, Krämer, Diebe, Glückskinder und Trauergeister, in Seelen von Menschen und Seelenverkäufer, wobei die Mischform heftig dominiert. Und fast alle eint Opportunismus: die Lust, in der Mehrheit daheim zu sein. Völker sind edel, solange sie Unrecht leiden und ihre Peiniger vertreiben. Nach den Bastillen stürmen sie Destillen – wieder Masse, mehr der Physik gehorchend als ihren einzelnen Herzen. Masse verstärkt alles, Gutes wie Böses. Die SED-Bonzen sind von denselben Ostdeutschen vertrieben worden wie die Asylanten von Rostock-Lichtenhagen.

Egal, wie man zum neuen Deutschland steht: Es gibt einen unverlierbaren Stolz der 89er Revolution: Sie hatte (Biermann) »zu wenig barbarische Substanz, zu wenig organisierte Weitsicht, ja, und zu wenig blinde Wut«. Sie wurde nicht mit Blut befleckt. Es war mir immer eine Erlösung, daß mein Vater, kleiner Wehrmachtsfunker, im Krieg nicht getötet hat. Es läßt mich heute freier atmen, daß meine ostdeutschen Mitmenschen im Herbst 89 nicht zu Mördern geworden sind. Was wäre heute, hätten sie am Dies irae ihr bluttäterisches Talent entdeckt? Kugeln statt Eier auf Kohl?

Die *friedliche* Wende in der DDR war ein Gemisch aus Charakter, Kalkül, Beißhemmung und Depression. Sie hat sich in den Kirchen vorbereitet, in der Literatur, durchs Westfernsehen und durch Besuch von drüben, durch Rockmusik und Jazz und das ironische Selbstgefühl der Ostler. Wir sind kein Balkanvolk. Und da auch Wolf Biermann fernsieht – Jugoslawien, Rostock, Sachsenhausen –, pfeift er sein *à la lanterne!* mit gebremstem Ton: Selbstmord sei den Bonzen mannhaft anzuraten. Der Professor Riege, für die PDS im Bundestag, habe es doch auch geschafft. »Man könnte zufrieden sein. Aber nein. Er vergiftet diesen Tod mit einer neuen Lebenslüge. Er hinterläßt eine Nachricht: Ich war ein gejagtes und schuldloses Opfer. Und seine Partei dankt es ihm und schlachtet ohne Scham den Selbstmord propagandistisch aus: Schluß mit den Hexenjägern in der Gauck-Behörde.« Und, äußerstes Buben-

stück: »Ein Foto mit Blumen schmückt seinen freige-
wordenen Platz im Parlament.«

Judas Ischariot, findet Biermann, habe seine Men-
schenwürde mit dem Strick verteidigt. Solch kernige
Selbstzucht gibt's nicht mehr, nur noch feige Pflaumen.
»Einer plappert dem anderen die Ausreden nach.« So
ist es, mieserweise. Aber wer Augen hat, sieht Unter-
schiede zwischen Mielke und Heinrich Fink, Stolpe,
Wolf und Schalck, Modrow und Krenz.

Fall der Mauer, klassisches Ideal: »Plötzlich ward ein
großes Erdbeben, so daß sich bewegten die Grundfesten
des Gefängnisses. Und alsbald wurden alle Türen aufgetan und die Fesseln aller gelöst. Als aber der Ker-
kermeister aus dem Schlafe fuhr und sah die Türen
des Gefängnisses aufgetan, zog er das Schwert und
wollte sich selbst töten; denn er meinte, die Gefangenen
wären entflohen. Paulus aber rief laut und sprach: Tu
dir nichts Übles; denn wir sind alle hier! Er forderte
aber ein Licht und sprang hinein und fing an zu zittern
und fiel Paulus und Silas zu Füßen, und führte sie
heraus und sprach: Liebe Herren, was soll ich tun,
daß ich gerettet werde?« Da spräche wohl auch Wolf
Biermann von Herzen: »Glaube an den Herrn Jesus,
so wirst du und dein Haus selig.«

Leider kommt derlei Beknirschung selten vor. Hans
Modrow sitzt in seinem Abgeordnetenbüro im Bonn-
Center, achter Stock; oben auf dem Dach dreht sich
der Mercedes-Stern. Modrows Geschichte vom jungen
Wehrmachtssoldaten, von Heimkehr, Schuld und Sühne
klingt der meines Vaters sehr verwandt. Beide wollten
glauben. Einer wurde Pfarrer, einer verschrieb sich der
anderen Religion, die das Nazi-Reich im Martyrium
überstand. Aber muß man nicht wissen, wann der Kompromiß mit der Ideologie die menschliche Substanz befällt? Nun schaut Hans Modrow hinab auf den Rhein.
Freiheit auch für ihn: zu spät. »Was wünschen Sie sich
für Erich Honecker?« Nicht Gefängnis. »Daß er – sich
quälen möge.«

Heute ist der 3.Oktober, der Tag der Deutschen Einheit, die als bedenklich zu bezeichnen Pflicht wurde wie
vor zwei Jahren der Jubelsang. Im Herbstlicht glänzt

der Ostberliner Friedrichshain, Wind treibt die Drachen hoch und die Blätter von den Bäumen, und der Märchenbrunnen rauscht gelassen vor sich hin. An der Höchsten Straße, in den Neubaublocks, wohnen immer noch Mielkes alte Kostgänger. Unten spielen die Kinder, solche und solche.

Damals war es unmöglich, daß meine Tochter ihre Kindergartenfreundinnen daheim besuchte. Die Genossen Tschekisten hegten gräßlichste Enthüllungsängste vor meiner kleinen Mata Hari. Vorbei. Vorwärts. Und nicht vergessen: Wir sind mehr Kinder unserer Zeit als Kinder unserer Eltern.

Oktober 1992

Ich – kein Umstürzler?

Der Stasi-Akten-Neid

Im Westen glaubt man meist, Widerstand sei in der DDR nur in symbolischer Verbrämung vorgekommen: Mahnwächter, die dem Regime mit Kerzen drohten. Flugblatt-Schreiber und Hinterhof-Poeten, die auf Papiertigern zur Schlacht ritten. Heute spreizen sich derlei sanfte Rebellen in Talk-Shows und reklamieren das Ende der DDR als ihr Privateigentum. Es gab aber auch Männer der Tat.

Um endlich von mir zu reden. Ich stehe nicht an, meinen Teil am Sturz der Honecker-Clique erheblich zu nennen. Einst, beim »Festival des Politischen Liedes« in Ost-Berlin, trat ich Egon Krenz heftig auf den Fuß. Sein wölfisches Lächeln erstarb; der mächtigen Gestalt entrang sich ein Wehelaut. Margot Honecker hätte ich beinahe eine schadhafte Genesis-LP verkauft. (Genaueres erzähle ich gern beim Bier.) Wie ich mit einer leeren Umhängetasche das komplette Politbüro in Schrecken versetzte, ist gleichfalls eine längere Geschichte.

Ich weiß heute: Das war zuwenig. Als am 1. Mai 1989 auf der Berliner Karl-Marx-Allee das Ostvolk noch immer an seinen Bedrückern vorüberjauchzte, da sprach ich: Das Maß ist voll. Ich lud mir die sechsjährige Tochter aufs Kreuz, tarnte das wilde Kind mit einem sozialistischen Winkelement und mischte mich unter die Jubler. Deren Prozession nahm kein Ende. Schließlich, nach Stunden, erreichten wir die Tribüne mit den Greisen, Honecker in der Mitte. Als wir einander ganz nahe waren, der Fürst und sein verschworener Untertan, da streckte ich ihm das Kind entgegen, und Sophie schrie's ihm ins Gesicht: »*Erich Honecker, hast du Angst vor mir?*«

Honecker starrte, vom Donner getroffen. Willy Stoph griff unter den Tribünenrand und nahm auf den Schreck einen Hieb aus dem Flachmann. Sie ahnten da oben, was wir heute alle wissen: Mit diesem Kinderruf begann etwas, an dessen Ende Deutschland stand. Ich bin der Vater der Einheit.

Nun will, wer sät, auch ernten. In die Opferakten der Staatssicherheit, diese Goldenen Bücher des neuen Deutschland, mußte auch die Prosa meines Widerstandes eingeschrieben sein. Ich war zur Akteneinsicht heftig entschlossen, da traf mich dieser Tage eine Mitteilung der Gauck-Behörde wie ein Keulenschlag: Die Zahl von angeblich sechs Millionen Opferakten sei ein Mißverständnis. Sie beziehe sich auf sämtliches Schrifttum, das seit 1949 vom Ministerium für Staatssicherheit angelegt wurde, ob der Klassenfeind nun einen Kuhstall in Brand gesteckt hatte oder die Stasi-Weiber in ihrer Verlogenheit eine Frauentagsfeier organisierten. Wirkliche Opferdossiers gebe es »weit weniger als eine Million«, sagte Gaucks Pressesprecher David Gill. Selbst er, DDR-Pastorenkind mit widerborstiger Biographie, mußte zugeben: »Ich habe auch keine Akte.«

Wie er das so sagte, dieses *auch*, gab's mir einen ordentlichen Stich. Was, falls auch ich nicht? Wie, wenn Mielkes Büttel meinem Kampf gegen den Unrechtsstaat das Kainsmal der Harmlosigkeit aufgedrückt hätten? Oder eben meine Akte ganz verschwinden ließen, um ihren vornehmsten Gegner um den Lohn der oppositionellen Taten zu prellen?

Es heißt des öfteren, wer seine Akte einsehen wolle, müsse sich wappnen gegen Ekel und Verrat im Freundeskreis. Ich hingegen möchte alle warnen, die zu den sechzig Prozent DDRlern gehören könnten, die Joachim Gauck mangels Akte nackt nach Hause schickt, dem Spott der Bärbels und Bohleys verfallen. Ich widme diese Zeilen den unbekannten Revolutionären wie mir. Bedenkt euch, Kameraden, bevor ihr bei Gauck einen Antrag stellt. Wenn nachweislich die Akte fehlt, dann ist das Leben als Regimegegner im Eimer.

April 1992

109

Niemandsland und seine Geister
Dichter in undichter Zeit

»... kritzelst du gute Gedanken
ohne Hoffnung auf Klarheit.
Die dein Brot backen, nehmen dich nicht zur
Kenntnis.
Du lachst darüber fast ohne Hochmut.«
(B. K. Tragelehn)

Was tun, wenn der Stift weg ist und Klaus Hoepcke
dir seinen Füller pumpen will? Ja, ein Aufschrei hätte
folgen müssen: Hinfort, Sie Buchminister! Niemals be-
rühre ich ihr Zensurbesteck, womit Sie so vieles und
so vielen und so weiter. Verschwinden Sie in Ihre alte
Zeit und nehmen Sie den und den und die da gleich
mit. Lächeln Sie nicht! Umsonst. Man nimmt den Füller. Danke. Schwarze Tinte.

PEN-Bruderschaft/Ost ist ein schwieriges Ding im
Januar 1993. Der DDR-PEN war ein elitärer Klub, der
dem Staate wohl gefiel (womit nicht der törichte Ge-
meinbegriff von den »Staatsdichtern« wiederholt sei).
Etliche Mitglieder nahmen sich Freiheiten. Stephan
Hermlin intervenierte öfters mit Erfolg bei Honecker
für bedrängte Kollegen, und der Klub als solcher schloß
sich 1968 den internationalen Protesten gegen den Ein-
marsch in der Tschechoslowakei an. Das verhalf dem
PEN in der DDR nicht zu wahrnehmbarer Größe. Schon
gar nicht galt er als kritische Instanz. »Es hat eine
Reihe von Club-Kollegen gegeben«, schrieb Friedrich
Dieckmann, »die in den von der SED-Führung ausge-
lösten Konflikten der siebziger Jahre die Kategorie der
Staatssicherheit über die literarische Freiheit gestellt
und andere Autoren in diesem Sinn grob attackiert
haben ... Es wurde das Unmögliche nicht versucht:

der Staatsmacht von seiten des Zentrums in den Arm zu fallen.«

Über lange Jahre führten Dogmatiker wie Henryk Keisch und der Präsident Heinz Kamnitzer Regie im PEN. Kamnitzer trat Ende Oktober 1989 zurück. In der Folge nahm der PEN eine Reihe jüngerer und früher mißliebiger Autoren auf und plazierte sie unter die alten. Zum Eklat kam es im Herbst 1991, als Friedrich Schorlemmer nicht, wie zur Wahl erforderlich, zwei Drittel Mehrheit fand – auf Betreiben Hermann Kants, der gestand, diesem Kandidaten zuzustimmen, fehle ihm »die seelische Größe«. Schorlemmer wurde alsbald in den West-PEN gewählt. Kant trat aus, um den Ost-Klub nicht zu blockieren.

Die deutsche Einheit ging am PEN vorüber. Das wird vorerst so bleiben. Der Westklub mag keinen Umgang mit Leuten, von denen viele seiner Ostmitglieder einst außer Landes geekelt wurden. Der Ostklub erklärt, Mitglieder auszuschließen widerspreche der Satzung. Außerdem sei die Spaltung des deutschen PEN 1951 vom Westen betrieben worden und mit Kohlscher Einheitseile nicht zu kitten. Es warnt das Beispiel Akademie der Künste. Und so hofft man auf »Einigung von unten«, beschwört »gemeinsame Ziele«, wagt, nach Stefan Heym, »eine erste Polka mit der Braut« und verschiebt die Hochzeit in schöner Geduld. Heym nannte als letzten Termin die »biologische Lösung«. Es scheint, der Ost-PEN betrauert die Spaltung und freut sich ihrer guten Gründe. Der stärkste: Vom fünfmal größeren Westverein geschluckt, sei die Chance dahin, im eigenen Kreise die Vergangenheit zu klären.

Tut man's? Es gab Lesungen »in veränderter Landschaft«, öffentliche »Gespräche zur Selbstaufklärung« – zwischen Schorlemmer und Kant, zwischen Zensoren und Zensurierten. War es weise, war es feig, daß der PEN nicht nach den Gauck-Akten rief? 150 Mark Verwaltungsgebühr, um das Präsidium zu überprüfen, sei zu teuer. Stasi-belasteten Mitgliedern war es freigestellt worden, sich Kollegen ihres Vertrauens zu öffnen. Davon wurde »kein Gebrauch gemacht«, bemerkte lapidar Präsident Dieter Schlenstedt auf der Jahresversammlung letztes Wochenende in Berlin. Christoph Links verlangte »eine neue Qualität der Auseinandersetzung«. Horst Hussel fand Stasi-Akten für die Kunst sowenig von Belang wie Kader-Unterlagen. Vornehm sprach der Lyriker Rainer Kirsch: »Entscheidend ist das Werk. Man soll sich nicht die Themen von den Medien diktieren lassen.«

Die Medien: Erkenntnis = Interesse. In der Mittagspause – der bettelarme PEN vertilgte das vom Berliner Senat gestiftete Buffet – hub die Reporterin des *Tagesspiegel* an zu knallharter Recherche: »Was denken Sie denn so, wie viele von denen hier hatten mit der Stasi zu tun?« Keine Ahnung. »Sind Sie wenigstens für den schnellen Zusammenschluß der beiden PENs?« Tja. Wo trifft man sich? Worin ist man einig? Nicht über die DDR, das Ex-, Neufünf- und Niemandsland, das von vielen seiner alten Geister gehütet wird wie eine Kodderpuppe: zerschlissen, lumpig, mein – trotz alledem.

»Was sind die kompatiblen Elemente?« fragte Werner Liersch. »Negative Kompatibilitäten« seien zu betonen – das, was beide besorgt. Sozialprobleme, Asylantenhaß. Christine Wolter, die in Mailand lebt, meinte, von jenseits der Alpen teile sich Deutschland anders: in eines, das angst macht, und in eines, das widersteht. Dieter Schlenstedt mißhagte die »amorphe Stimmung im Land. Es fehlt eine Vision, eine Tagesordnung, eine Agenda dessen, was einem Volk mehr oder weniger gemeinsam vorschweben kann, eine Agenda, wie sie, in jeweiliger Anpassung an die Kosmologie der Supermächte, nach 1945 in Zweigestalt existierte, nun aber in beiden Teilen erledigt ist. Vor uns ist wirklich nichts, kein zu besetzendes Land.«

Nicht einen Staat bauen die Dichter, zitierte Schlenstedt Else Lasker-Schüler, sondern eine Welt. Wie die alte versunken ist und die neue noch so fremd, das wurde ausgiebig paraphrasiert. Der Ost-PEN: ein irritiertes *corpus mixtum*, dessen Tasten und Stammeln menschlicher wirkt als das Tatütata linken und rechten Alarms. Manchmal schnappten noch die alten Raster ein. Auf dem Terrain der Literatur, bemerkte Stephan Hermlin, herrsche unverändert Kalter Krieg. Brigitte

Struzyk sagte: »Der Kalte Krieg dauert eben so lange, wie wir ihn führen.« Da hob die greise Ruth Werner den Kopf: »Wir?«

Es ging ans Eingemachte. Der PEN, mittlerweile aktiv im Writers-in-prison-committee, wählte zum Ehrenmitglied Jorge Pomar Montalvo, einen kubanischen Übersetzer deutscher Literatur, den Castro wegen Regimekritik einsperren ließ. Montalvos Wahl war auch gedacht als Symbol. »Kuba ist ein entartetes Regime«, sprach Hermlin, »das anderen, schon gefallenen entarteten Regimes bis ins einzelne gleicht.« Ruth Werner mochte lieber Geld für Milchpulver spenden als für Castros Gegner. Der alte Karl Mundstock pries das tapfere Kuba des tapferen Fidel: so unbeugsam unter der Knute des brutalen US-Imperialismus. Soll man sich erregen über diese Leier? Oder sich entsinnen, wie begeistert man als Junge Mundstocks proletarischen Kinderroman »Ali und die Bande vom Lauseplatz« verschlang? Karl Mundstock ist ein Greis. Besser als über Kuba kann er über die Berliner Bücherverbrennung vom 10. Mai 1933 erzählen. Das Sentiment: Dagegen hilft ein striktes Denken, das gnadenlos nur seinesgleichen gelten läßt. Wann werden die Eiferer begreifen, daß sie die deutsch-deutsche Arbeit mit den Versöhnlern teilen müssen?

127 Mitglieder hat der Ost-PEN jetzt. Zwanzig wurden zugewählt, darunter Rudolf Bahro, Walter Janka, Jens Reich, Klaus Poche, Sebastian Kleinschmidt und der Nürnberger Philosoph Robert Kurz. Letzterer war zur Podiumsdiskussion geladen, mit Hartmut Lange, Helga Königsdorf und Heiner Müller, der zunächst nicht erschien. In Ermangelung des großen Meisters gingen die kleinen aufeinander los. Kurz sprach lange, Lange kurz. Robert Kurz, ein Vertreter des verbalen Aquaplaning, schwemmte Thesenfluten seines Werks »Der Kollaps der Modernisierung« unters Volk, bis dieses, sofern es nicht kollabiert war oder ertrunken, begreifen mußte, daß der östliche Staatssozialismus zur Durchsetzungsgeschichte des Kapitals gehört und daß die postmoderne Theorie nicht zufällig aus Frankreich kommt. Lange entriß Kurz das Mikrophon, führte ihm die Hand

zum Busen und sprach: »Du hast ja Asthma.« Kurz überfliege mit Begriffen die Wirklichkeit und sei zum Kotzen. Das Publikum ward »Ihr Scheißer!« tituliert, was im Osten als Beleidigung gilt.

Hier konnte nur Gottvater schlichten. Müller kam (im Trabant), enterte das Podium, lächelte. Da schrie von den Rängen ein Weib, und die Verzweiflung brach ihr aus: »Sitzen wir nun auf der Instinktschiene oder unter der Käseglocke?« Also sprach Zarathustra Müller: »Ich nehme die Welt, wie sie ist. Antworten erwarte ich nicht. Jeder ist mit seinen Fragen allein.« Erleuchtet zog man heim, dankbar, alles wieder mitzunehmen, womit man gekommen war. Lange rief dem Volk noch hinterher, Selbstmord sei jederzeit möglich.

Später, nachts in der »Möwe«, sprach der Dichter Mensching zum Dichter Wenzel: »Also, der Müller, ich weiß nicht.« Wenzel, da er auch nicht wußte, orderte ein letztes Bier. Müller, fuhr Mensching fort, sei sicher ein großer Mann. Aber dieser Hang zur Himmelfahrt, dieser Rückzug auf die Wolke! »Der hätte auch als was anderes zur Welt kommen können.« Als was denn, fragte Wenzel. Mensching sann lange. »Als burmesischer Stockschwämmchenträger.«

Januar 1993

114

Väterchens Mondfahrt

Wie Mascha ihren Lenin wiederfand

»Nein, nicht jene nenne ich jung,
die glockenhosig am Bummelplatz bimmeln.«
(Majakowski)

Ich, die kleine Mascha, hob mich aus der Kammer wie mit Schwingen. Draußen war die Nacht bald hin. Beim Smolny harrten die Roten Garden auf das Signal vom Fluß, wo der Panzerkreuzer lag. Im Palais des Zaren bebten die Höflinge und Schranzen. Der arme Nikolaus zog das Schwert wie weiland sein gräßlicher Ahn, der Strelitzenköpfer, und sprach: »Diese Tartaren können immer kommen.« »Urrrrääääää!« schrie der Hof. Ich aber flog weiter, der Newa zu, aufs Deck der *Aurora*.

Da schwatzten zwei Matrosen im Kieler Hemd, Max Reichpietsch und Albin Köbis. Auf dem Band ihrer Mützen stand: »Friedrich der Große«, und sie lachten, als trügen sie nicht seit September Schüsse durch ihre blutigen Herzen. Der Reichpietsch gab dem Köbis Feuer. Sie schmauchten und sangen, leise: *Und das war im Oktober / als das so war, / in Petrograd in Rußland / im siebzehner Jahr.*

Und dann drückte der Köbis die Papyrossa ins Zündloch. Wummmm! Der Mörser krachte seinen Schuß; die Ufervögel schrien; die Morgenröte blinkte auf; die Zukunft begann. Drüben im Winterpalais fiel die kleine Anastasia vom Töpfchen. Es gab einen silbernen Klang, als habe der Schuß sich zur Milde besonnen. Umdüstert sprach Zar Nikolaus: »Geiles Geräusch!«

Jähes Erwachen in Berlin/Hauptstadt der BRD. Wummm, geil – das waren nicht die *Aurora* und der Zar, das war der alte Robur-Bus, rappelvoll mit westlichen Touristen. Ist sie doch eingenickt! Hat sie geschnarcht?

Hat sie sich, schlummernd, gar durch Gesang verraten? Seit Mascha von dieser Rundfahrt zu den Stätten der 89er Revolution wußte, kroch ihr ein älterer Wurm durchs Ohr: *Es war in den Tagen des August. / Die Rosen erblühten im Garten. / Da haben wir unseren Schutzwall gebaut. / Wir konnten nicht länger warten.*

Lieder sind Brüder der Revolution (Erich Honecker). Die von 89 hatte keine. Stumm irrte sie durch den Herbst und verschwendete Kerzen (Mangelware). Aber *Stätten* hat sie hinterlassen und gebar drei schrille Kinder: Charley Wings, Kati Stühdemann und Rhaffi Hadizadeh Khatazi – echte Ostberliner Kulturanarchisten, die mit dem Robur durch ihre nächtliche Halbstadt brausen und westlichen Gästen von *damals* künden. Erster Stopp am Hause des SED-Zentralkomitees, 1938 von Albert Speer vollendet: ein Monsterbau für Hitlers neues Rom Germania, daselbst hernach der Genosse Erich residierte.

Dann der Staatsrat, mit dem Balkon des alten Stadtschlosses, von dem am 9. November 1918 Karl Liebknecht die sozialistische Republik ausrief: Karl und Rosa auf dem Gipfel ihres Ruhms. Zwei Monate später waren sie umgebracht. Es schwamm eine Leiche im Landwehrkanal. Weiter zum Palast der Republik: »Überwachungskameras bis aufs Klo«, sagte Kati.

Diese jugendlichen Hetzer! Hierher war Mascha oft mit ihrer Freundin Dunja konditern gegangen. Oben im Theater hörte sie Erich Fried, der war schon schwer gezeichnet vom Krebs. Unten im Bowlingkeller verfolgte sie ein landesweit gehaßter Fernsehstar sturztrunken in den Waschraum der Damentoilette und machte Anstalten, ihr über die Schuhe zu pinkeln (die Pumps mit den roten Sternen). Sie floh. Draußen, auf der Treppe, trat sie Egon Krenz auf den Fuß. Er humpelte davon. Ach, Erinnerung, du Köstlichkeit der Jahre.

Kinder, dachte Mascha, die Jugend straft euch mit ihren brausenden Säften. Mit scharfen Schnäpsen zergurgelt ihr das gestrige Arom. Wir Alten mildern uns mit Milch und legen die Hände um die große Tasse, wärmen die Finger und heizen das Herz. Und dann: Trinken, sonst bildet sich Pelle.

116

Was redet die? »In diesem Saal fanden auch die SED-Parteitage statt, auf denen Erich Honecker seine endlosen Reden mit Stimmüberschlag hielt. Zur selben Zeit gab es in der Westberliner Szene Parties, auf denen die Live-Übertragung des DDR-Fernsehens lief. Die ganze Partygemeinschaft wartete sehnsüchtig auf eben diese Honecker-Kiekser.« Wir ja auch, Kind, dachte Mascha, wir ja auch.

Aber diese Kommentare! Humboldt-Universität: »Hier zog sich die Partei eine angepaßte, hörige Intelligenz groß.« Brandenburger Tor: »Nach 1945 wurde die Quadriga mit der Siegesgöttin Nike gen Osten gedreht, was symbolisch wohl bedeuten sollte: Der nächste Sieger kommt aus dieser Richtung. Nach der Wiedervereinigung wurde dieser geschichtliche Irrtum korrigiert.« Mit klingendem Spiel der Bundeswehr, dachte Mascha und überlegte, ob sie Genosse Ulbricht Abbitte schuldig sei. Nein, das war wirklich zuviel verlangt.

»Und nun zur Chausseestraße«, verkündete Rhaffi mit den knallroten Lippen. Dort lag das Walter-Ulbricht-Stadion, vom Volke Ziegenarena getauft, bis man es 1973 umbenannte in Stadion der Weltjugend.

Ja, wir sehn uns / auf jeden Fall / Sommer dreiundsiebzig / beim zehnten Festival, so summte Mascha und rief: »Aber die Weltfestspiele waren schön! Eine begeisternde Manifestation der internationalen Solidarität und Völkerfreundschaft! Und kurz darauf der schreckliche Putsch in Chile!« Der ganze Bus wandte sich um. Kati und Rhaffi tadelten aus einem Munde: »In der Chausseestraße lebte bis 1976 Wolf Biermann.« Ah ja, Biermann, den kannte sie. Natürlich war er ungezogen. Mehr liebte sie Bettina Wegner, für »Sind so kleine Hände«.

Brrr! Mascha schauderte, was anstelle von Biermann im Lande blieb. Sie entsann sich jenes FDJ-Konzertes in der Berliner Volksbühne, da Herr Klein vom Oktoberklub zum Solo auf die Bühne trat, sich wiegte, als trüge er Leibesfrucht, und raunend sang: *Ich bin die Genossin Kalaschnikow / ich steh für den Frieden auf der Wacht.*

Dann kam die Gruppe Schicht aus Dresden und schmet-

117

terte: *Du bist so schön wie unser Land / drum komm, Regine, geh ans Band.*

Sodann die Potsdamer Gruppe Rotdorn mit »Nikaragua, du Schöne«: *Ich träum von dir, ich kann fliegen, / im Kampf dicht neben dir liegen, / gegen den wölfischen Tod / und erzählen von unseren Siegen.*

Und schließlich die afghanische Gruppe Dosti. Ein Prager Genosse neigte sich ihr zu und flüsterte: »Im Tschechischen bedeutet *dosti* ›genug‹.«

Am Ausgang wurde die *Junge Welt* vom kommenden Tage verteilt, auf deren Seite 1 zu lesen stand, wie das Konzert so begeisternd gewesen. Mascha empörte sich schriftlich, daß man sozialistischen Jubel in der Retorte erzeuge. Die Zeitung entschuldigte sich. Mascha, ermutigt, begann Eingaben zu schreiben und verklagte betrügerische Kellner, freche Reichsbahnschaffner, blondiertes Verkaufspersonal und wer sonst noch alles Lenins Ideen pervertierte.

Da, jetzt rumpelte der Bus durch die Invalidenstraße, den Veteranenberg hinauf und hielt vor der Zionskirche. »Alles aussteigen!« rief Charley, und Kati und Rhaffi erzählten die unglaubliche Geschichte von der »Aktion Falle«: wie in der Nacht vom 24. zum 25. November 1987 die Stasi die kirchliche Umweltbibliothek überfiel, um in flagranti nachzuweisen, daß dort die konterrevolutionäre Sudelpostille *Grenzfall* vervielfältigt werde.

Mascha fröstelte. Ihr mächtiger Nachbar legte ihr die Tatze auf die Schulter und bot von seinem Köm. Mascha schluckte tapfer. Eine heiße Kugel rollte in ihren Bauch. Die Stasi stürmte die Umweltbibliothek, griff das Falsche und die Falschen; die Westmedien machten Rumor, und, so sagte Kati, wobei sie entzückend den Finger hob: »Die Mahnwache wurde hier als politische Form für die DDR entdeckt.« Gleich um die Ecke wohne Bärbel Bohleh. Bohley, tadelte Mascha stumm und zupfte am Nachbarn: »Könnt' ich noch ein Schlückchen?«

Den Rest hat Mascha verpaßt. Jetzt wirkte der Köm. Irgendwann sagte Rhaffi: »Im Mittelalter wurden unbeliebte Menschen im Fluß ertränkt, in der Nazi-Zeit wurden sie zu Tode gequält. Die DDR exportierte sie

118

gegen Devisen ins Ausland.« Irgendwann sagte Kati: »Zu keiner Zeit war das Ziel des Neuen Forums die Wiedervereinigung Deutschlands.« Und wiederum Rhaffi: »Die Menschen waren völlig orientierungslos, und die meisten sind es bis auf den heutigen Tag geblieben.« »*Schto takoje sowjetskaja wlast*«, gluckste Mascha, »*soldaty, matrosy, gospoda, graschdanje, ljudij*, die Menschen, jawohl Väterchen.« Ihr Nachbar wähnte sich gemeint und schraubte am Kümmel. Die Mädchen erzählten vom sagenhaften Piratenradio Schwarzer Kanal. Mascha aber entschlummerte und hörte Radio Moskau: dim-dam-dim-dom, herrliche Quadrophonie. *Gawarit Moskwa*, hier spricht Moskau: Lenin ist tot. Stalin ist tot. Breschnjew ist tot. Andropow ist tot. Tschernjenko ist tot. Im ganzen Lande heulten die Sirenen, und Tschernjenkos Weib, ewige *Matka Rus*, strich weinend ihrem Mann das Kreuz über die Stirn. Da weinte auch Mascha und war glücklich.

Sie ließen sie schlafen, als der Bus den Wachturm erreichte. Wie hätte sie auch die steile Stiege nehmen sollen, hinauf in die Kanzel des »Schlesischen Busch«, ehemals Leitstelle für achtzehn weitere Türme im Todesstreifen zwischen Treptow und Kreuzberg? Alle sind abgerissen; dies ist der letzte Wachturm von Berlin. Er gehört Rhaffi, Kati, Charley und den anderen, die dort ihr »Museum der verbotenen Kunst« betreiben. »Avantgarde und Mahnmal zugleich« wollen sie sein und Stalinismus-Repressionen dokumentieren.

Am 2. Juli 1990 befahl Generalmajor Teichmann von den Grenztruppen der Deutschen Demokratischen Republik, diesen unmilitärischen Siegern der Revolution sei ein Wachturm zu überreichen. Oben saßen noch die Posten, da wurden die bunten Kinder durch den Todesstreifen chauffiert, sich einen Turm zu wählen. Dann ging's an den Umbau. »Der erste Handschlag«, sagt Charley, »war ein Griff in die alte Grenzerscheiße. Wortwörtlich.« Das Klo bedurfte der Klärung.

Zigtausend steckten sie in das Projekt, arbeiteten nachts, überstanden sieben Einbrüche, drei Eruptionen von Volkszorn, der die Nachbartürme zerstörte, und einen Angriff der Bundeswehr. Kaum war Stoltenbergs Truppe besiegt, kaum hatten zweitausend Gäste das Einjährige gefeiert, flutete neuer Volkszorn heran – diesmal von Westen, aus Kreuzberg. Dort habe der Radau gestört. Und früher die Schüsse? Ja, erklärte Kreuzberg, »das war ja nur manchmal und nicht so laut«. Das war's. Treppe runter, raus, zum Bus. Als die Tür auffliegt, rekelt sich Mascha, pliert in das Licht und sagt: »Ich will nach Hause.«

Als Mascha am nächsten Morgen aufgestanden war, ihre Milch getrunken hatte und die Kümmelschrippe verspeist, nebst einer Thomapyrin, war sie mit dem gestrigen Abend versöhnt. Dickköppe, sagte sie, pochte auf das Ei, lachte und wußte nicht, wieso. Behutsam tragen wir ein: Wer einen Wachturm rettet, lehrt die Geschichte Ironie. Sonst siegt sie sich zu Tode.

Am Leninplatz hatten sie ja zur Guillotine gegriffen, Tomskis mächtigem Lenin drei Schrauben ins Haupt gedreht und den Schädel zu Boden gebracht. Mascha aber kaufte weiße Farbe und einen Pinsel, wartete Neumond ab und schrieb in einer stürmischen Novembernacht des Jahres 91 um den Sockel des Gestürzten: »Und die Erde war wüst und leer.« Übertrieben, aber schön.

Auch heute pilgerte Mascha zu ihrem Platz, den die Wende-Virtuosen den Vereinten Nationen übertragen hatten. Sie fand ihr Graffito unverändert, war's zufrieden, machte kehrt und begab sich auf den Weg nach – halt! Das wird nicht verraten.

Als sie anlangte, herrschte längst tiefe Nacht, denn Mascha war in den letzten fünfundsiebzig Jahren das Fliegen abhanden gekommen. Der Mond hielt hinter Wolken. Mascha spähte durch das Gitter auf dem Sockel und machte: Pssst! und: Ich bin's! Der Schatten blieb fremd. Da tat sie, was sie nie zuvor getan, und pfiff, wie sie früher immer Paul gepfiffen hatte, bevor er sie verließ.

Sie erschrak unter dem vertrauten Laut. Ein wenig Mondlicht huschte durch den Park. Nun sah sie, daß man Lenin eine Kiste übers Haupt gestülpt hatte, zum Überwintern. Gegen den Berliner Schnee, dachte sie

120

spöttisch, und Bilder russischen Winters durcheilten sie wie ein heißer Strom. Wiederum pfiff sie, als gälte es Paul, und dachte an Dunja, die sie getröstet hatte: daß die Männer selbst nicht wissen, warum sie aufhören zu lieben. Und wenn sie es wissen, sagen sie es nicht.

Auch Dunja war damals in Petrograd gewesen, als französisches Fräulein. »Mascha«, hatte sie gesagt, »Maschenka, mein roter Stern, du weeßt, ick liebe dir, aber wie die Roten damals gehaust haben, det war nich schön. Die süßen kleenen Kadetten vom Zaren: Wupp, Bajonett in den Bauch, und zack, über die Schulter. Wupp, drüber. Wupp, drüber. Nee, Mascha, so jeht's nich.« Mascha hatte vage dialektisch eingewandt, wo gehobelt werde, fielen Späne. Mißbehagt trug sie die Kaffeetassen ab. »Fall nich!« sagte Dunja spitz. »Paß uff, die Stufe! Menschen sind keene Späne.«

Alles will man gar nicht so genau wissen, dachte Mascha gekränkt. Da, plötzlich, hub in der Kiste der Kopf zu reden an. »Und wenn sie uns in Bande werfen«, sprach er, »wir sind frei. Leben wird unser Programm. Es wird die befreite Menschheit beherrschen.« Väterchen, das ist doch Liebknecht, dachte Mascha, aber der Kopf sprach weiter: »Nie, solange der Erdball sich dreht, werden die Völker Stalin vergessen, ihren großen Lehrer und Vater.« Gott, wer war in der Kiste? Die sprach: »Niemand hat die Absicht, eine Mauer zu errichten.« Und sprach: »*Mr. Gorbatschow, tear down this wall.*« Und sprach: »Berlin, nun freue dich.« Und sprach: »Ein Spiel ist erst nach neunzig Jahren zu Ende, und wenn's hochkommt, so sind's hundert.«

Da fiel Mascha ein, daß heute ihr Geburtstag war. Ein Wind schob die Wolken fort, und hinter der Säule traten Reichpietsch und Köbis hervor. Der Reichpietsch gab dem Köbis Feuer. Sie schmauchten und sangen leise: *Wer hat die schönsten Schäfchen? / Die hat der goldne Mond / der hinter unsern Bergen / am Himmel oben wohnt.*

Sie schaute auf und gewahrte SEIN Lächeln, den zwinkernden Blick. Wohl kannte sie Bassewitz' Kinderbuch und wußte, daß guter Taten wegen keiner zum

Mond gewünscht wird. Aber was trieb er dort? Knickte er die amerikanische Fahne ab? Spielte er mit Lunochod, dem Mondmobil? Spiele, Väterchen, lächelte Mascha, träume! Ich träume ja auch. Mir wird so tüdelig.

Und als die Sonne aufging, setzte die *Aurora* Segel und glitt in ein fremdes Meer.

Dezember 1992

Abendlicht

Eine Predigt für und wider den Mythos DDR

»Im Abendrot leuchtet alles im verführerischen Licht der Nostalgie, sogar die Guillotine.«
(Milan Kundera)

»Es soll sich lohnen, Opfer gewesen zu sein.«
(Angelika Barbe)

Kamerad, weißt du noch? Die Nachtfahrt im Manöver, irgendwo in Thüringen. Du fuhrst den Kübelwagen durch den nassen Nebel. Beifahrer war der Spieß. Soso, sprach er, Theologie wolln Se studieren, sehr interessant, leider feindlich, aber singen, singen können die Pfaffen. Singen Se, mein süßer Jesus, sonst pennen Se noch ein, und ich verblute in Ihren weißen Armen. Zwooo, drei: *Ich trage eine Fahne / und diese Fahne ist rot / es ist die Arbeiterfahne / die Vater trug durch die Not / die Fahne ist niemals gefallen* ... Lauter, Jesus, mehr Arsch! Sonst machen Se morgen Häschen hüpf bis Mekka!
   Und ich, Kamerad, ich wollte auf der Leipziger Buchmesse am Fischer-Stand das Jazzbuch klauen. Paß auf, sagtest du, ich sehe mich um, und wenn die Messe-Typen nicht gucken, leg ich dir die Hand auf die Schulter. Ich las, ich wartete, ich spürte die Hand, steckte das Buch ein und wurde verhaftet. Es war leider nicht deine Hand gewesen in dem Gedränge. Fluchtversuch: gescheitert. Bei der Messe-Polizei war bereits der Leiter der Verkehrsbetriebe Frankfurt/Oder geständig, der sich mit Horst Eberhard Richters »Flüchten oder standhalten?« räuberisch hatte absetzen wollen. Protokoll, dann Überstellung an die Stasi. *Tathergang* schildern, donnerte der Genosse Tschekist, »und ich möchte auch das harte Wort RAUB lesen. Ham Se 'n Stift?« Ein subtiles

Opus wuchs und wuchs. Der Unhold wurde nervös. Kurz vor sieben ergriff er das Fragment. »Raus! Ich muß noch einkaufen.«

Ja, Kamerad, so komisch war der Staat, so lustig das Zigeunerleben bis 1989. Weißt du noch? 7. Oktober, Erichs letzte Jubelnacht. Gorbatschow hatte ihm schon das Menetekel ins Ohr geraunt, aber noch schwofte der harthörige Greis, derweil sein Namensvetter, der Stasi-Generalissimus, unerkannt durch die Straßen strich und sah, wie die *Konterrevolution* marschierte. Wir marschierten nicht. Wir saßen bei dir im Prenzlauer Berg und tranken und sahen den Woodstock-Film und reisten nach Spielimmerland, *goin' down to Yasgur's farm / to join a rock'n'roll band*. Mochten die da draußen ihre Händel ausfechten – wir waren drinnen, waren frei. *We are stardust / we are golden / and we got to get ourselves / back to the garden.*

Am Morgen vor der Gethsemanekirche standen die Mahnwächter welk wie ihre Blumen. Die Kerzen waren zerronnen zu großen weißen Lachen. Marianne Birthler sagte aufgelöst: Du hier? Nichts passiert? Ich bin ja froh über jeden von uns, der noch frei herumläuft.

Wir damals bei uns. Ein Mythos wächst, der Mythos DDR. Er wächst in dem Maße, wie die echte DDR versinkt. Die Erinnerung ist heiter, denn man liebt, was man glimpflich überstand. Analyse kommt dem Mythos nicht bei; er lebt im Sentiment. Der Mythos ist der Grabgeist der Ideologie. Wo jene starrt und schweigt, steigt dieser auf und spricht. Seine rhetorische Figur ist der Einspruch. Jaja, der Stalinismus war ein Graus, aber hatten wir nicht Arbeit? Aber gab's nicht weniger Gewalt? Aber, aber, aber kannst du vergessen, daß wir auch glücklich waren? Heimat, raunt der Mythos, Usedom, märkischer Sand, die Krähen, die Äcker der Börde, wo du Kartoffeln lasest, und hast du den Mond über Ilsenburg vergessen und die alte Malzfabrik in deinem Kinderland? Aber das kommt nie wieder. Aber jünger wirst du nicht. Aber alles wollen sie dir nehmen.

Was alles? Die DDR-Kultur (Christa Wolf). Unsere Fußball-Länderspiele (Hansi Kreische). Unsere Häuser. Unsere Nachbarschaft. Unsere Langsamkeit. Unsere Cola. Unsere Erneuerung (Heinrich Fink). Unsere Geschichte (Erich Honecker). Unseren Erich (hab' ich nicht gesagt). Unsere ostelbische Lebenskünstlerschaft aus Trick, Bescheidung, Rotz und Rock'n'Roll. *You're not near as tall as you're thinking / but this is a short man's room* (Joe Henry). Das galt für Bürger und Staat. Wir waren die Dummen. Der Staat war dümmer. Was haben wir immer gelacht! Oder kam das erst später?

»Gegen die gesamtdeutsche Sicht auf DDR-Geschichte gilt der Satz: Die Wahrheit und die Wirklichkeit sind zweierlei« (Heiner Müller). Man wundert sich, wie naiv *der Westen* auf sein gewesenes Gegenbild schaut, als wäre die DDR das exakte Negativ ihres früheren Selbstporträts. Nein, dies war ein Staat vielfacher Simulation. Er tat nicht, wie er sprach, falls man vorgab, ihm zu glauben, daß er sei, was er nie geworden wäre, weil man wußte: Er tat nicht, wie er sprach ...

Die allermeisten wußten ihn so zu nehmen. Sie bedienten sich nach Kräften und gaben dafür, was als des Kaisers galt. Anpassung ist ein Grundrecht sogenannter kleiner Leute, die um *ihres lieben Friedens* willen gern zu Hause bleiben, wenn die Geschichte sich Heldenvolk rekrutiert. Geschichte gab es nicht in der DDR. Die Zeit stand still; die Lebensuhren liefen. Man lebte vorwärts; das war Wirklichkeit. Die Wahrheit war: Nichts ging voran. Fast jeder half, das Wahre dem Wirklichen anzuverwandeln, bis beides dasselbe schien. Einige dachten umgekehrt. Sie störten. Sie stören immer noch.

Ein exemplarischer Störer war Oskar Brüsewitz, der Landpfarrer aus Rippicha, der sich 1977 auf dem Marktplatz von Zeitz verbrannte. Über ihn hat Thomas Frickel kürzlich einen Film gedreht, »Der Störenfried«, der die Tragik von DDR-Außenseitern genau beschreibt: als ein Drama, dessen Veranstalter nur bedingt *der Staat* gewesen ist. Der Oskar! Sie erinnern sich alle nur zu gut, der Dorfschulmeister, das Metzger-Ehepaar, die *Gemeindeglieder*, die *Amtsbrüder*, der VoPo aus Zeitz: an die »brennende Person«, den Feuerkopf und Jugendbändiger, der erst willkommen war als frommer Entertainer mit Karnickeln im Zylinder, dann aber mißhagte

125

mit seinen Transparenten, dem Leuchtkrenz an der Kirche und diesem apokalyptischen Geschrei. *Hie des Herren Schwert! Ihr könnt nicht zween Herren dienen!* Doch, konnte man, denn Gott war kein eifernder Gott in der DDR.

Und sie wandten sich ab. Kurz vor Brüsewitz' Selbstmord, entsann sich einer seiner Kollegen, traf er ihn, der schon gebrochen war, sich aber nochmals zu ermuntern suchte: Na, Bruder, nicht wahr, wir stürmen noch mal die Front!? »Stürmen, das war sein Lieblingswort. Ich sagte: Nein Oskar, ich stürme nicht mehr.« Da ging er hin und tötete sich, um ein Zeichen – zu setzen? zu erzwingen? Und der Himmel riß nicht auf. Aber die Amtsbrüder strömten reichlich ans Grab, und Propst Bäumer sprach, anders als *vom Staat* gewünscht: »Wir distanzieren uns von dem Menschen und Bruder Oskar Brüsewitz nicht.«

Täuscht die Erinnerung? *Damals*, in Studententagen, mischte sich unter den Ekel darüber, wie *der Staat* per Medienkampagne dem »Psychopathen« Brüsewitz ins Grab spuckte, ein kleines scheues Pharisäer-Glück: *Herr, ich danke dir, daß ich nicht bin wie dieser Zöllner* respektive Schuster, der unakademisch bäuerliche Müntzer von Rippicha, der alle Fürstenknechte schalt, die ein *gedeihliches Miteinander* wollten, *nicht für, nicht neben – im Sozialismus*, so die *Konsensformel*. Auch das war Simulation: zu behaupten, was nicht war, damit es werde.

Mußte denn Kommilitone Alisch *die andere Seite* mit subversiven Lektüre-Zirkeln reizen? Mußte Kommilitone Albani dieses Plakat durch die Leipziger Innenstadt tragen: »Freiheit für Wolfgang Bahro!« (Wolfgang auch noch, peinlich!) Bernd Albani, von »empörten Bürgern« vor dem Leipziger Hauptbahnhof verhaftet, ließ man nach sechs Wochen Haft laufen. Rainer Alisch bekam drei Jahre. Grinsend hielten sie ihm im Knast am 7. März 1978 das *Neue Deutschland* vor: Tags zuvor hatten Honecker und die evangelische Kirchenleitung mit Albrecht Schönherr an der Spitze ihr *wegweisendes Gespräch* geführt. Schönherr prägte den Ausspruch, das Verhältnis Staat – Kirche sei »so gut, wie der einzelne es vor Ort erfährt«. Ein treffender Satz. Er traf selbst Ali im Knast.

Der greise Schönherr saß jüngst im Ostberliner Kino »Babylon« inmitten von DDR-Spätgeborenen und sah den »Störenfried«. (Zwei Reihen hinter ihm saß Ali.) Brüsewitz' Magdeburger Bischof Werner Krusche sprach 1982 zu uns auf der Vikars-Rüstzeit in Darlingerode im Harz: »Das Volk Gottes«, und sein Pathos wurde laut, »hat schon so oft die Hand seiner Feinde an der Kehle gespürt«, und er fuhr sich an die Gurgel. »Aber immer riß unser Herr diese Hand dort wieder weg.« *Verzage nicht du Häuflein klein / obschon die Feinde willens sein / dich gänzlich zu zerstören / und suchen deinen Untergang / davon dir wird recht angst und bang / es wird nicht lange währen.*

Dies war ein heilsgeschichtlich selbstgewisses Christentum, das gewandt nach beiden Seiten borgen ging. Hier lieh es Himmel, dort die Welt. Der Mix war den Roten zu schwarz, den Schwarzen zu rot. Die »Kirche im Sozialismus« hatte die Färbung der bundesdeutschen Ostpolitik seit der Regierung Brandt. Das Bonner Ja zur allgemach sich liberalisierenden DDR trug die evangelische Kirche in ihre Gemeinden. Das war gut so. Prophetisch war es nicht.

Sosehr die Kirche unter der SED-Herrschaft litt, sosehr dankte sie ihr Unschuld. An der obszönen Staatsmacht hatte man nicht teil. Indem die Partei die Machtfrage entschied, klärte sie auch die Sinnfrage – zugunsten der Kirche. Christ sein in der DDR, das war doch ein anderes Bekenntnis als dieser laue bundesdeutsche Bürgerglaube. Besser als ihr Märtyrer wußte die Kirche, daß ihr Hauptfeind nicht der antichristliche Kommunismus wäre, sondern der Materialismus, die gottvergessene Säkularisation. Das SED-Regime trieb allerlei Personal zur Kirche. Die Marktgesellschaft verläuft sich auf den Märkten.

Hier soll beschrieben werden, nicht gerichtet oder gar verhöhnt, was damals groß war an Arbeit und Mut. Es geht um den totalitären Clinch, der die DDR-Gesellschaft zusammengehalten hat und der fortwirkt als antithetische Verklammerung. Man bleibt ja gern bei seinem lieben alten Feind, der Halt und Glauben schenkt. Die ganze *Vergangenheitsbewältigung* ist geprägt von manichäischen Kategorien: Ost gegen West, Partei gegen Kirche, Täter gegen Opfer, Staatsmacht gegen Opposition und schließlich, als Basso continuo der Einheitssymphonie: damals gegen heute.

Und da diese Teilungen der Komplexität des DDR-Lebens nicht entsprechen, verwischen unversehens die Konturen, bröckeln die Dämme zwischen den feindlichen Wassern, die ineinanderrinnen zu einem großen See. Das Ostvolk sammelt sich an seinen Ufern. Die Sonne sinkt. Der Mond geht auf. *Die Schwärmerische, die Nacht kommt / voll mit Sternen und wohl wenig bekümmert um uns / glänzt die Erstaunende dort, die Fremdlingin unter den Menschen / über Gebirgeshöhn traurig und prächtig herauf.* Ist sie nicht – entrückend, unsere DDR? Haste noch 'ne Büchse Beck's?

Die alten Zeiten, Kamerad. *Hans-Jürgen steht am Schilderhaus / und spricht zu dem Soldaten / was tust du hier tagein, tagaus / kannst du es mir verraten?* Kennen die Wessis nicht. Die kennen nur IMs. Haste gelesen, das mit Christa Wolf? Lese ich nicht, der Gauck, der *Spiegel*, alles Seelenverkäufer. Klar hat man damals Fehler gemacht. Die ganze Grenzerscheiße. *Ich bin Soldat der Volksarmee / und stehe hier auf Wache / bei Regenwetter, Wind und Schnee / ja, spiele nur und lache.*

Ein Wort sei klar gesagt: Es ist gut, daß es die Gauck-Behörde gibt. Manche Ironie verdankt sie der Grazie ihres Leiters. Keinen Zweifel duldet, daß für Abertausende echter SED-Opfer der Weg zur Freiheit über die Nachlese ihrer vergewaltigten Biographien führt. Aber niemand, der nicht muß, sollte sich infizieren an einem Wissen, das dem Menschen sowenig entspricht wie die Stasi selbst. Die Stasi, als Idee und Organisation, war pervers. Diese Grenze muß bleiben. Weder dürfen wir uns die Phobien der Mächtigen zu eigen machen noch die Spitzel aus ihrer individuellen Verantwortung entlassen. Aber wir sollten begreifen, »daß ihr Dienst für die Stasi nur eine andere Variante ihres sonstigen Lebens war«, so der hallesche Psychologe Hans-Joachim

128

Maaz. Sein neues Buch »Die Entrüstung« (Argon 1992) zählt zu den seltenen Versuchen, ein Psychogramm der *ganzen* DDR zu zeichnen, jenseits der manichäischen Alternativen und strikt ohne osttümelnde Mondscheinsonate. »Eine Kollektivschuld kann es ... nicht geben. Es ist dann die Schuld des Einzelnen, die im Heer der Schuldigen scheinbar zur Normalität geworden ist.« Maaz darf Prügel erwarten. Den Opfern nimmt er die Täter weg, den Siegern der 89er Revolution den Sieg, dem Westen seinen ideologischen Triumph und allen Ossis ihre große weiße Hoffnung. »Einer wie Stolpe mußte gar nicht erst ein IM werden, um ein IM zu sein. Seine und damit auch der Kirche machterhaltende Interessenlage entspricht haargenau dem Hauptinteresse der Staatssicherheit: Ruhe und Ordnung im Land, Disziplin und Gehorsam, Anerkennung der Obrigkeit und schnelle Beruhigung von Spannungen und Konflikten.« Maaz, ein Generalist, nennt als eigentliche Schuld der Ostdeutschen ihre Bereitschaft, sich zu unterwerfen – wahrlich kein Thema, das vom Mauerfall beendet worden wäre.

Wie weit bleibt da zurück, was der jüngste Literaturstreit anbietet. Christa Wolf hat sich in ihren schriftstellerischen Mädchenjahren einigen Stasi-Besuchen nicht entschieden erwehrt. Guru Müller hat dem gottesunmittelbaren Zynismus seiner Material-Schlachten möglicherweise noch etliches Weitere geopfert. Müllers staatsnivellierendes Theater mochte einem dramatischen *inner circle* vorbehalten bleiben. Doch Christa Wolfs Prosa flog durch die bleierne Zeit. Sonst flatterten kaum Flügel. Gewiß, ein Künstler lebt nicht nur im Werk, sofern er lebt, aber wie dürftig ist ein Gericht, dessen Urteil auf das Werk verzichtet. Der Wahrheitsmangel in der DDR preßte Künstler zu Moralisten. Der Schaden ist redlich zu teilen.

Der Westen hat leicht richten. Wer zuerst kommt, wer die Karteikarte findet, beißt zu, und wer, für dieses Mal, zurücksteht, nennt, für dieses Mal, das Beißen eine Schweinerei. Die Müller-&-Wolf-Debatte hat das Vergangenheitsgespräch banalisiert, da polarisiert, was auch mit den Reflexen östlicher Konfliktscheu zu tun hat. Unser Heiner! Der Osten rückt zusammen. Unsere Christa! Der Osten schließt die Front. Ohnehin ist westliches Druckwerk hier weitgehend schnurz. Gert Heidler, Ex-Flügelstürmer von Dynamo Dresden, wurde im *Spiegel* fälschlich IM genannt. »Herr Heidler, Sie müssen klagen. Die müssen widerrufen.« Och, sagte Heidler, der *Spiegel*, das mache nichts. »Das liest doch keiner, höchstens 'n paar Schlaue.«

So wächst eine diffuse Notgemeinschaft von Menschen, die lieber postum ihren schmuddeligen Staat verklären, als daß sie ihr Leben wie Knüppelholz der Geschichte verfeuern. Das muß man verstehen. Das muß man verwerfen. Ein Widerspruch? Vielleicht für Ideologen und *Sieger der Geschichte.* Es ist ja das Wesen des Eiferers, daß er weniger verstehen will, als er könnte.

Wer aber nicht sein Schützenloch verläßt, wer nicht als Parlamentär hin- und herläuft zwischen den Fronten, auch auf Gefahr doppelten Feuers, der wird den Osten nicht begreifen und dem Westen nichts erklären. Deutsche Einheit ist nur zu haben über die Adoption der DDR zur deutschen Geschichte. Das meint keinen Staatsakt, sondern Kleinarbeit: zuhören, einfühlen, respektieren, worin die DDR-Gesellschaft sich von der Ideologie unterschied. Dämonisierende Parolen (»SED-Diktatur und sonst gar nichts!«) stricken nur mit am Mythos. Dann backen DDR-Leben und Ideologie zusammen in einem früher nie gekannten Opus classicum.

Was dann bleibt, stiften die Medien. Promi ist Promi im deutschen Fernsehspiel. Da sitzen sie wieder zusammen, mitsamt ihren Legenden. Günter Schabowski wird noch oft den Genossen Honecker stürzen, »diesen Buddha!«, wie er auszurufen pflegt, auf daß mit der Tat auch der Täter wachse. Väterchen Modrow wird noch oft erzählen, wie der Chilene ihn rüffelte: »Du bist hier nicht bei Dubček!« Joachim Gauck wird die Stasi besiegen. Der Mann, den die Geschichte nicht beim Namen kennt, wird sich auf immer fragen, wie Menschen es fertigbringen konnten, ihm einen Schäferhund in die Stasi-Zelle zu hetzen.

Und auch wir, Kamerad, ärmer an Eifer, wie es sich gehört, wenn man die weiße Fahne trägt – auch wir

130

tun, was fast jeder insgeheim am besten kann: erinnern. Weißt du noch, das Nebelspiel in Böhlen gegen Mielkes BFC? 1:2 ganz kurz vor Schluß, keiner sah irgend etwas, da kam Hubert als reitender Bote aus der weißen Suppe und keuchte: Trainer, wir haben Elfmeter. Und der Trainer sagte: Havenstein soll schießen! Das werden wir uns noch oft erzählen, wie die Landfilm- und Beerdigungsgeschichten, und ich komme auch mit zu Pankow und Engerling. Aber all diese *East only*-Räusche sollen bleiben, was sie sind: eine Pause, ein nötiger Spaß.

Nie wollen wir lügen, unser kleines Land sei das größere gewesen.

Februar 1993

Lausitzer Passion oder Geil auf Horno

Ein deutsches Lehrstück

Dies ist eine Passionsgeschichte. Oder eine über Ostern, wenn man will. Ihr Ende steht durchaus nicht fest, aber der Anfang vom Ende ist gemacht. Den wollen wir erzählen.

Wie Laubag-Boß Dr. Henning am Ostermorgen in seinem rheinischen Gottesdienst »Christ ist erstanden« schmetterte, und ein zynisches Lächeln kräuselte ihm den Mund, denn er dachte daran, wie seine Kohlebagger alsbald das Lausitzer Dörfchen Horno zur Hölle würden fahren lassen, das erzählen wir nicht, denn es wäre erlogen. Anderes, das wahr ist, ist nicht wahr genug, so wahr die Wahrheit mehr sein soll als Sentiment. Also schreiben wir auch nicht vom Feuersturm in Horno anno fünfundvierzig, als die Rote Armee die Neiße überschritt, das Dörfchen nahm, zurückgeschlagen wurde vom letzten Aufgebot der Wehrmacht und wiederkam. Frau Hornig sah, wie man massenhaft vergrub, was einmal Mensch gewesen. Wir sahen das nicht. Wir klagen nicht an Herrn Scheppans Grab, daß seine Margarete einst woanders ruhen soll als an der Seite ihres Ernst. Schließlich soll uns wenig kümmern, mit wieviel Silberlingen der alte Walnußbaum aufzuwiegen wäre, wenn in sieben Jahren der Tagebau kommt. Bäume und Gräber, so säuselt Abgesang, das Lied vom schönen Tod. Aber Horno lebt.

Beim Hohenpriester
Ach, zum Dr. Henning wollen Sie. Zuerst bring ich Sie mal zu Herrn Baumann. Der Fahrstuhl ist kaputt, leider, denn ein mächtiges Trumm von Verwaltungsbau hat das Braunkohlekombinat Senftenberg sich an die Knappenstraße gestellt, kurz bevor die Wende kam und

aus dem BKK die Laubag wurde, die Lausitzer Braunkohle AG. Herr Baumann versieht ihren Pressedienst. Er hat diesen morgendlichen Eiltermin bei seinem hohen Herrn besorgt, entgegen der Fama, die Laubag scheue Medien wie der Teufel das Weihwasser. Guden Morgen, darf ich bidden, nähm Se Blatz. *Hoffentlich* (Oh! der Ton deucht älter als die Wende), hoffentlich wissen Se schon einigermaßen Bescheid. Herr Dr. Henning kann Ihnen nicht noch die einfachsten Grundfragen, für den Fall, bissel Material hier, biddeschön. Ein Kilo Glanzdruck wechselt den Besitzer, im Baumwollbeutel.

Wir wissen Bescheid, einigermaßen, seit wir als Kinder *Heimatkunde* lernten und erfuhren, auf Braunkohle gründe das Glück der DDR. Niemand sei so reich am *schwarzen Golde* wie unsere Republik. Sonst besaß sie wenig in und auf der Erde, aber wirtschaftlich autark sein mußte sie unbedingt. Also *intensivierte* man die Landwirtschaft. Also trieb man die Chemieindustrie auf das Niveau von Leuna und Bitterfeld. Also schürfte man Kali und Kupfer, letzteres subventioniert bis zu neunzig Prozent. Und eben *schwarzes Gold.* Dem Braunkohleabbau fielen im Leipziger und Cottbuser Raum weit über hundert Dörfer zum Opfer. Einspruchsrechte: keine. Widerstand, wo es ihn gab, sprengte selten den Rahmen von Einwohnerversammlungen. Der Staat siedelte die Dörfer um und versuchte, wenn die Kohle alle war, die Landschaft zu flicken. Auch Senftenberg lag nicht immer »am See«.

Seit Mitte der siebziger Jahre war kaum noch Geld da zur Reparatur der Erde. Das Land verkraterte. Die Medien schwiegen. Bücher, Filme deuteten an; wo sie mehr sagten, erfuhren sie Schikane. Einzig die Kirchenpresse riskierte Offenheit, um den Preis wiederholten Verbots. Umweltgruppen wurden in die Opposition gedrängt. So machte der Staat sich Feinde, wo er Helfer hätte finden können.

Die Mauer fiel und mit ihr die Wirtschaftsdoktrin. Die Kohledörfer atmeten auf: Jetzt wird alles anders! Es sproß ja überall im Land Naivitas die Zauberblume. Tatsächlich, Ortschaft für Ortschaft kam Entwarnung:

Ihr bleibt vom Bagger verschont. Eure Kohle wird nicht mehr gebraucht.

Die Laubag, nun Treuhand-Betrieb, schloß sieben ihrer siebzehn Tagebaue; fünf weitere werden folgen. Die jährliche Fördermenge sank von 200 Millionen Tonnen auf 90 Millionen, künftig 60, was wohl heißen soll: Man baggert mit Maß. Und 1,2 Milliarden Mark Investitionen kann Herr Baumann für 1992 vorweisen, zum Segen dieser armen Grenzregion, denn jeder Arbeitsplatz in der Kohle erhalte zwei bis drei im Umfeld des Reviers.

Horno, tja. Liegt nun mal mitten im Kohlefeld des Tagebaus Jänschwalde. Der wiederum grenzt ans Kraftwerk Jänschwalde, das derzeit für 4,5 Milliarden Mark mit einer Rauchgasentschwefelungsanlage sowie weiteren Moderna ausgestattet wird. Wir müssen den Strom billig produzieren, sagt Herr Baumann. Wenn wir die Kohle von anderswo zufahren, steigt der Preis, und die Stromindustrie bedient sich bei der Konkurrenz. So, nun können wir zum Dr. Henning.

Wen klassenkämpferisch dürstet nach dem Blut von Profithaien und Wüstlingen des Kapitals, den befällt bei Dieter Henning eine Beißhemmung. Der Mann strömt Wärme aus und verscheucht auch den Arg, hier werde völlig wie zu alten Zeiten *maximiert* statt *optimiert*. Rekultivierung ist Hennings stete Rede. Sozial verträglich soll Horno umgesiedelt werden, mit einem Härtefonds, und alles nur Erdenkliche dürfe der einzelne erwarten. Nur reden müsse man, und da sei Horno stur. »Der Siegert, der Bürgermeister, sagt immer nur: Wir wollen ja gar nicht umgesiedelt werden.« Und dann gibt's da noch diesen Engländer, Michael Gromm, Schriftsteller, der Gott weiß wie nach Horno kam und die Leute verrückt macht mit seiner altachtundsechziger Barrikadenschnauze. Mehrmals und mit Zorn zitiert Henning, was Gromm Abscheuliches von sich gab: »Selbst nach Hiroschima und Nagasaki kehrten die Menschen zurück. Nach Horno wird das nicht möglich sein.«

Freilich, ein hundertprozentiger Umzug, so unter der Käseglocke, sei weder möglich noch wünschenswert. »Wenn Sie mal genau hingucken, dann ist die sogenannte gute Nachbarschaft genau das, was am neuen Standort unbedingt verhindert werden muß. In Dörfern geht's ja oft zu wie bei Romeo und Julia.«

Henning, einst im Osten aufgewachsen, ist einer der ganz wenigen Laubag-Westimporte. Dieser Braunkohle-Macher erscheint als Mensch von prinzipieller Offenheit, der alternative Energiekonzepte genausogern den künftigen Jahrtausenden überläßt, wie er für ihre Suche nicht zur Verfügung steht. Mögen andere träumen von kleinen kommunalen Energiestrukturen. Er, Henning, ist Mann der Rheinbraun AG, der er die Laubag zuführen soll und deren Chef er zum 1. Juli wird. Die Rheinbraun wiederum beliefert die Rheinischen Elektrizitätswerke, die mit der Preußen Elektra und den Bayerwerken den deutschen Energiemarkt kontrollieren.

Henning geht zum Schrank, sucht, findet die Broschüre: einen Vortrag von Peter Beier, dem Präses der Rheinischen Landessynode, verlegt von der Rheinbraun-Öffentlichkeitsarbeit. »Es gibt überhaupt keine unberührte Natur«, schreibt Beier, »sondern Natur ist inzwischen Kultur geworden ... Seit der Mensch in die Geschichte der Schöpfung eingetreten ist, gestaltet er mit den Mitteln, die ihm zur Verfügung gestellt sind, und bildet kulturell um.« Der Mensch ist realer Mitschöpfer, erklärt der aalige Text, dessen Kreator nicht versäumt, sich angewandten Urteils zu enthalten. Der Christ und Mitschöpfer Henning aber überführt diese anthropologischen Universalismen in tätiges Ethos, als habe ihm einer den Bagger gesegnet. Es hätte auch der Skilift sein können oder die neue Autobahn.

Reine Bewahrung hat mit Menschsein nichts zu tun, sagt Henning und spricht das Zauberwort: ARBEITS-PLÄTZE. »Noch dreißig, vierzig Jahre wird die Kohle hier den Menschen Arbeit geben.« Was er nicht sagt: daß schon zum 1. Juli 1993 die Laubag beim Arbeitsamt Cottbus 8 200 Entlassungen angemeldet hat. Daß die Kohle Investoren nicht ins Land holt, sondern vom Kreis Guben fernhält mit einem Riegel aus Dreck. Daß für die Rekultivierung stillgelegter Tagebaue nicht die Laubag aufkommen muß, sondern das Land Brandenburg, denn alles, was das BKK Senftenberg vor seiner Wandlung zur Laubag am 1. Juli 1991 zerstört hat, gilt als fremde Altlast. Verräterisch vor allem klingt Hennings Prognose von den dreißig, vierzig Jahren. Als am 30. März 1993 die Brandenburger Landesregierung nach langem Bedenken Horno der drängenden Laubag auslieferte, verfügte sie: Dahinter, an der Taubendorfer Rinne, ist Schluß. Die Taubendorfer Rinne wäre im Jahre 2017 erreicht. Längst hat die Laubag untersucht, wie sich der Tagebau bis Guben vortreiben ließe. Kommt Zeit, kommt ein neuer Kabinettsbeschluß. Auch Regierung wird regiert. Realpolitiker leben in serieller Monogamie: Heute sind sie diesem *Sachzwang* treu, morgen jenem.

»Konsens«, sagt Henning, »nicht Kompromiß. Kompromiß ist immer faul.« Präses Beiers gute Worte dürfen wir mitnehmen. »Schöpfung zwischen Bewahrung und Beanspruchung« heißt das Werk, und *Inanspruchnahme* (für Abbaggern) wird der schönste Euphemismus bleiben, dem wir in dieser Karwoche begegnen. Froh stimmt auch, was die Schauvitrine im Foyer verspricht: »Aus der einstigen Kulturlandschaft mit Kiefernwäldern, Laubwaldresten, Wiesen und Äckern entstehen durch Bewässerung, Grundwasserabsenkung und Nichtbewirtschaftung im Tagebauvorfeld interessante Pflanzengesellschaften extrem trockener Standorte mit entsprechender Tierwelt.« Der Vogel Strauß in Brandenburg.

Gründonnerstag
Und am Abend saßen sie beieinander im »Cottbuser Postkutscher«, die Kumpel vom Kraftwerk und Tagebau Jänschwalde. Und sie tranken und sprachen zueinander: WIR HABEN NICHTS GEGEN DIE BÜRGER VON HORNO. Wir fühlen ihre Not und kennen ihren Mut noch aus der alten Zeit. Nun schlägt den Mutigen die Stunde, und die sich nicht wehrten, bleiben verschont. Aber was sollen wir tun? Wir haben nichts als Kohle zu verkaufen. Je mehr Klamotten wir uns hier gegenseitig in den Weg schmeißen, desto lauter jubeln die Dritten und machen das Geschäft an unserer Statt: die Polen, der Iwan, Skandinavien. Bonn läßt

nichts rüberwachsen. So wuchern wir mit dem einzigen, das wir besitzen. Und verlören nicht allzuviele Arbeit und Sinn um 380 Hornoer willen? WIR HABEN NICHTS GEGEN DIE BÜRGER VON HORNO, noch wollen wir zerstören, was unseren Kindern gehört. Aber fair sein, aber reden muß man, und dieser Siegert, dieser Ausländer Gromm – als hätten sie die Wahrheit gepachtet. Und ist denn Horno ein sorbisches Dorf, unantastbar laut Landesverfassung? Oder nennen sie sich Sorben just für den Artikel 25? WIR HABEN NICHTS GEGEN DIE BÜRGER VON HORNO.

Und wie sie dies zum dritten Mal sagten, gingen wir hinaus und hatten wohl gespürt, daß mancher sich fragte: Bin ich's? Bin ich's, der das Land verrät, ein Kirchlein hier und dort der Oma ihr klein Häuschen? Aber weiche Kissen schiebt man sich unters Gewissen. Wie von Erz geschmiedet ist der Schulterschluß zwischen Unternehmern und Unternommenen, der Laubag und der IG Bergbau und Energie. Sie haben Gründe und Pläne, *Wertschöpfung* für die Region, doch wer der Erde solche Gruben gräbt, fällt selbst hinein.

Karfreitag
Und als wir an die Stätte kamen, sahen wir die Erde aufgerissen, sechzig Meter tief und bis zum Horizont. Nicht zu ahnen, daß hier Dörfer gestanden, daß hier Menschen gegangen sind über die dünne Kruste Zivilisation. Wie Graphik zeigt die Erde ihre Schichten. Immer strenger wird die Schraffur, immer dunkler, bis der Flöz beginnt: die Kohle. Ganz unten auf der Sohle des Tals rumpelt ein Förderband, kilometerweit und leer den lieben langen Feiertag. Das vergaß man abzuschalten.

Oben, auf dem Wall, kauern gelbliche Püschel im Sand. Das sind die jungen Kiefern, und dort die dürren Stangen heißen Laubgehölz, ohne Lehm und Wasser in den Sand gebracht. Den werden sie nicht halten; den trägt sommers der Wind übers Land, in die Dörfer, in die Häuser, und manchmal fahren die Autos bei Tage mit Licht durch die wirbelnden Schwaden. Ein Blatt weht übern Hang – kein grünes, eins aus

Papier: die *Sächsische Zeitung* vom 7. April. Leserbrief von Lutz Bartosch aus Dresden: »Man beklagt, daß wir in der Welt nur einen Haufen von Ressourcen und ein Gratis-Lagerhaus für Rohstoffe sehen – und warnt vor den Folgen. Das klingt nicht schlecht. Doch bleibt bei dieser Betrachtungsweise eines außer acht: Das Leben des Menschen ist kurz, und er will so gut wie möglich leben. Wer will da schon vor allem an die Urenkel denken? So zahlreich werden diese ohnehin nicht sein, wenn man sich die Bevölkerungsentwicklung ansieht.« Herr Bartosch schließt mit Amen: »Traurig, aber wahr.«

Karsamstag
Ostermarsch nach Horno. Und wenn kein Arsch kommt? Blödsinn, den Sonderzug kriegen wir voll. Mann, so viele! Eh, Miss Piggy! Eh, Philipp, alter Schichtleiter! Guck mal, wie die Leute winken. Die Strecke hier von Guben raus ist doch ewig kein Zug gefahren. Schlagsdorf, Groß Gastrose, Taubendorf, Grießen. Endstation, raus, na los, flinke Füße, die Ersten werden die Ersten sein. Eins, zwo: Stolpe, laß das Stottern sein, setz dich mal für Horno ein! Laubag, verpißt euch, keiner vermißt euch! Stolpe lügt, Stolpe lügt! Spinnst du, heb die Bierbüchse auf!

Dreieinhalbtausend Horno-Retter überfluten den Sportplatz, aus ganz Brandenburg gekommen, mit Autos und Rädern, auf Schusters Rappen und mit Kremserwagen. Es quirlt, es wogt, die Blaskapelle spielt den »Roten Adler«, Pfarrfrauen singen, und der Spielmannszug lärmt Janitscharenklang. Es brät die Wurst, es rinnt das Bier. Endlich eröffnet auf der Bühne Michael Gromm das Spektakel. So, mit wehendem Haar, muß er 1968 die tschechische Fahne geschwungen haben, auf der Mauer der sowjetischen Botschaft in London. »Potsdam und Palermo sind nicht allzuweit voneinander entfernt!« ruft er. (Jubel.) Dann spricht Bernd Siegert, der Bürgermeister mit den Schaufelhänden; der Druck seiner Rechten ließ uns diesen Text mit links verfassen. Mit Horno gehe man um wie vor der sogenannten Demokratie! Dann hören wir die Kirche, die CDU, die PDS, das Bündnis 90, den sorbischen Schriftsteller Jurij Koch, die FDP, den Jugendbund »Geil auf Horno«, die Mittelstandsvereinigung Guben ... Gromm hat alle Einzelwiderständler miteinander verheiratet und am »Runden Tisch der Hoffnung Gubens« versammelt.

Finale furioso: Die Gruppe Plektrum intoniert das Horno-Lied, »in kürzester Frist zusammengezaubert«: *Es ist fünf nach zwölf und höchste Zeit / kurz vor Horno steht der Bagger bereit / silbern glänzen die Zähne der Eimerketten / wenn nicht jetzt was geschieht, ist nichts mehr zu retten. / Sollt' wer durch Zufall von andren Planeten / später die Gegend hier betreten / so schreibt er ins Logbuch: Landung auf dem Mond / nur Sandstürme, Krater und unbewohnt.* Und nun alle: RETTET HORNO! RETTET HORNO! RETTET HORNO! Brüder, in eins nun die Hände. Halt mal das Schild hoch: »Wir haben Erich überlebt, wir überleben auch Stolpe!«

Ostersonntag
Wer wälzt uns den Stein von des Grabes Tür? Seit zehn Tagen, einem Fax und fünfundzwanzig Telefonaten begehren wir Manfred Stolpe zu sprechen. Zuerst verschwindet in der Potsdamer Staatskanzlei das Fax. Dann verschwindet der Befaxte. Dann sind beide endlich beieinander, doch der Vermittler enteilt in Urlaub. Endlich Klärung: Stolpe sei nicht feige, sondern nur gestreßt. Der Ministerpräsident ruft Sie an. Das ist Ihnen jetzt versprochen.

Wir werden ihn fragen:

Warum haben Sie den Hornoern viermal die Bewahrung ihres Dorfes zugesagt? Sind Sie in der Hand der Energiekonzerne? Erpreßt Sie Rheinbraun: Entweder Horno fällt, oder wir übernehmen die Laubag nicht? Warum wird mit dem Gaukelwort *Beschäftigung* im Volk Teile und Herrsche gespielt? Wie läßt sich, statt nach Energiebedarf zu suchen, Sparen profitabel machen? Wann, wenn nicht jetzt, wäre im Osten Gelegenheit zum strukturellen Wandel? Werden Sie zugunsten der Kohle gegen eine CO_2-Steuer kämpfen? Warum verfüttert man nach DDR-Manier die Zukunft an die Gegenwart und erklärt es andersrum? Und so weiter.

139

Wir halten Wacht am Telephon. Wir wagen uns nicht fort zum Ostergottesdienst. Die Eiersuche entfällt, der Osterspaziergang desgleichen. Schon dämmert es. Da, endlich schrillt das Telephon. Die Oma.

Stolpe rief nicht an. Aber abends, spät, hörten wir von unserem Band Matthias Platzeck, Stolpes jungen Umweltminister vom Bündnis 90, der sich für Horno ausgesprochen hat. Kostenwahrheit, sagt Platzeck, global. Alles muß berechnet werden, nicht nur die Betriebswirtschaft. Die ökologische Krise macht es unmöglich, ökonomische Krisen weiter mit Wachstum zu kurieren. Das Wort Verzicht muß Wahlkampfthema werden. Wir haben Politiker, die zur Wirtschaft rennen, bevor sie den Arm heben. Was wollen wir opfern für diese Kohle? Sieben Millionen Bäume, viereinhalbtausend Hektar Feuchtgebiete in der Oder-Neiße-Niederung? Unsere sogenannte Regulierung stellt nichts wieder her – nicht Vegetation, nicht Heimat, nicht Identität. Aber wir schätzen ja den *flexiblen Arbeitnehmer*, der überall daheim ist und nirgends. Ich bin kein Christ. Mein Großvater war Pfarrer, der hat mich leider zum Heiden gemacht. Heute verstehe ich ihn. Es kommt gar nicht an auf irgendeinen Gott. Nur ein bißchen Demut tut not, ein wenig Respekt vor dem, was wir nicht sind.

Und so haben wir doch noch eine Osterpredigt gehört.

April 1993

Springsteens Party

»Too much birthday makes you older.«
(Guy Clark)

Ich will's versuchen, sagte Niedecken. Wir fuhren durch die Nacht, Frankfurt schon im Rücken. Versprechen kann ich nix, sagte er, Presse absolut unerwünscht, ich hab 'ne Einladung, gilt aber nur für mich. Das muß die Villa sein. Warte hier ...
... *darkness on the edge of town.* Der Nebel näßt wie Regen. Überleg dir's noch mal. Und wenn das Zeug süchtig macht? Oben bei George Licht, die Stimmen, die Stones, *Go, go, go little queenie,* live, ja LIVE! Zu Hause hören sie Hans Rosenthal, Samstagabend *zwesche Salzgebäck un Bier.* Mutter schläft im Sessel ein, Vater rahmt Dias und memoriert die Predigt für morgen. Du bist zu groß geworden für daheim, zu fernwehmütig für die enge nasse Stadt. So geht es vielen: Muli, Jagger, Paulchen eins und Paulchen zwei, Conny, Decker, Ede, Specht und wer sich sonst noch Hippie nannte anno vierundsiebzig in Sangerhausen im Mansfelder Land. Die DDR war klein, aber es wehten die Mähnen, es jauchzte die Musik, die Motorräder brausten über Land, dorthin, wo die östlichen Bands die westlichen vertraten.

Con fuoco aus Leipzig hatten Eins a Santana drauf. Perpetuum mobile aus Karl-Marx-Stadt spielten saustark Genesis, »The Knife«, wobei der Sänger eine Neonröhre schwang. Und draußen stöhnte die Nacht. Auf den Treppen, hinterm Haus kneteten sich die Leiber, erhitzt vom bunten Licht und Lärm und Schnaps. Schweiß glitschte an Schweiß. Was Liebe vorenthielt, ersetzte die Balz.

Warum, fragte George, warum haste die Alte nicht gebumst? Warum biste Samstagabend nicht gekommen? Schiß gehabt? Klasse war's, starkes Zeug. Haste die Pillen noch? Was, weggeschmissen, na wer's glaubt.

Kürzlich traf ich Ede und Decker in Berlin auf einem Filmabend der Gauck-Behörde. Jetzt ist es raus, sagten sie, wer's war damals mit der Stasi. Geahnt hat man's immer, die ganze Hippie-Clique, kaum Arbeit, aber immer Geld, und die langen Fahrten, hier, siehste, mein Bescheid, da steht's: der war's und der sowieso. Haste schon deine Akte?

Wer muß, der soll sein erschnüffeltes Leben durchblättern und erschaudern, wie falsch das Wahre gewesen ist. Aber du erinnerst, daß Wahrheit sich Nester baute in der verkehrten Welt, und Musik war so ein Nest, dicht gepolstert gegen allzu praktische Vernunft, die stachelte: Mußte denn immer? Kannste nicht wie alle andern auch? Willste nicht was erreichen? – Ich hab schon was, ich bin schon wer, störe meine Träume nicht. Was träumst du denn? Liebe, Nähe, Ferne. Wegfliegen, wiederkehren im Triumph, mit der Großmut des Siegers.

Man flog via Frankfurt am Main, wo der Hessische Rundfunk »Rumms!« und »Poptime« ausstrahlte. Mit Sandy Denny, Fairport Convention und Steeleye Span ging's nach Alt-England, mit den Grateful Dead, Crosby, Stills, Nash und Neil Young durch Hippie-California, mit Creedence Clearwater, Little Feat, Lynyrd Skynyrd und der Allman Brothers Band in eine südliche Schwüle, die auch in Büchern brannte. Schicksal oder Liebe – was siegt bei Faulkner, Carson McCullers, Thomas Wolfe? Allerdings ließ deren Bodenhaftung ahnen, daß andere Länder auch nur Heimatländer sind, daß man nicht tauschen kann, aber glühen vor Trotz. Trotz lieferten die Stones, und wurde man müde, entführten King Crimson und Yes in die alterslose Ewigkeit der juvenilen Seele.

Die Tür zum Jazz öffnete John McLaughlin. Ihn zu hören fuhren wir nach Warschau, jedes Jahr im Herbst zum Jazz Jamboree. Wir fuhren – leicht gesagt. 23. Oktober 1975: Ein Trupp Jazzer sitzt im D-Zug Berlin – Warschau.

In Frankfurt/Oder fliegt die Türe auf: PASSKONTROLLE DDR! Was denn, was denn, mit dieser Frisur, mit dieser Kutte (KUTTE! Kreisch! Ami-Parka, echt antik!), mit diesem Personaldokument wollen Sie in die Volksrepublik Polen einreisen? Sie machen unserer Republik ja Schande! Ihr Dokument ist ja (ritsch), wie ich sehe, sogar eingerissen, also ungültig. Verlassen Sie den Zug, aber bißchen plötzlich, wenn ich bitten darf.

Raus. Aufgeben? Kein Gedanke. Hin zum Grenzübergang Brücke der Freundschaft und dort den Fußgänger gemimt, der nur mal kurz hinübergucken will nach dem polnischen Stadtteil Słubice. Was, mit Rucksack und im Dunkeln, na, junger Mann, denn machense mal hinne! Drüben rasch ein paar Złoty eingetauscht und den Bus erkundet, nach Rzepin, wo nachts der nächste Zug nach Warschau halten wird. Und was trabt am Bahnhof Rzepin stiefelklackend auf und ab? DDR-Grenzpatrouille, die kontrolliert den Wartesaal, als wäre Polen ihr's. Rasch, die *Trybuna Ludu* gekauft und vor's Gesicht gehängt. So entkamst du ihnen. So erreichtest du Warschau, um ein Abenteuer reicher und würdig derer, die du liebst und deren Nähe dich beglückt.

Muddy Waters, abgekämpft in seiner kleinen Garderobe, wie er dir das Autogramm auf die tschechische Charly-Parker-Platte malt. Dexter Gordon, seiner Stimulantien nicht ganz Herr, wie er dir tief ins Auge stiert und »Tanja!« seufzt, »Tanja!« Stu Martin, der dich sturztrunken im Nachtklub »Rynek« umarmt, weil du ihm Tröstendes gesagt hast zu seiner verunglückten Session. Ganz leise wollte er trommeln; das Publikum gröhlte nach *action*. Wenig später war er tot. Miles Davis hast du gesehen, Sonny Rollins, Archie Shepp, deinen Schlagzeug-Helden Jack DeJohnette, Jan Garbarek mit Eberhard Weber, der dir die Platte schenkte, wie Albert Mangelsdorff, wie Peter Brötzmann, Alexander von Schlippenbach, Ali Haurand, Toto Blanke ... Westdeutschlands Jazzer hatten ein Herz für die Szene Ost.

1987 startete die FDJ ihre Rock-Open-Airs. Mancher Jazz-Freak wurde Rocker. Doch als die Götter kamen und nur Menschen waren, da fielen auch ihren Engeln die Flügel ab. Die Mauer ging auf. Wenigen blieb die Musik teuer wie zuvor, da sie nun billig zu kaufen war. Die Kids hatten sich ohnehin längst zu ganz anderen Bands in die Gruft begeben. Was wir hörten, verlor endgültig den Bonus der Subversivität. Es war Zeit. Das Leben in der DDR hielt in verlängerter Adoleszenz. *Schools out forever*, zum Glück. Wer die Dreißig überschreitet, soll nicht länger Lehrer ärgern. Genausowenig soll man sich anbiedern bei einer Musik, die alles tut, sich von uns zu unterscheiden.

Da sind aber Jüngere, *far from being a man*, die wünschen auf älteren Schultern zu sitzen: die Jayhawks, die Tragically Hip, die Spin Doctors, die Brandos, die Walkabouts ... Sie teilen mit den Alten das immergleiche Geschäft: Gitarre, schwarzblaue Harmonie, so süß, wie wir es heimlich mögen, aber bitter, aber schroff gespielt, daß nichts verklebt. Und mach kein Licht, wenn wir trinken und segeln, schwer von den Gegengewichten der täglichen Welt. Laß los! Laß ab! Da, jetzt steigen wir! Das ist es. *Wenn isch DRÖPKOMM is allet andre ejal.*

Komm, sagte Niedecken, es klappt. Aber merk dir: Gucken, Hören, Denken, das ist heute nacht das Programm. Nerv keinen mit irgendwelchen Interviews. – Drinnen in der Villa Leonhardi aßen und tranken wir, inmitten von Management und ein bißchen Schickeria. Es war – normal. Rock'n'Roll, erkannten wir abermals, hat seinen letzten Stuhl längst zerdroschen.

Irgendwann in der Nacht tauchte Springsteen auf, Patti Scialfa an seiner Seite. Er hielt eine kleine Rede: Allen danke er, die ihn werden ließen, was er sei. Was war er denn geworden? Kein trampender Verlierer mehr und nicht länger ein Poet amerikanischer Debakel. Bürger Bruce, so saß er neben seiner Frau, ein kleiner Mann mit Koteletten, und hatte Kinder und ein Haus mit Hintertür: *If I should fall behind ...*

Dann aber stand er auf. Und er durchschaute die Typen von Sony, als wären sie Glas. Und er blickte hinaus in die Nacht. Und er tat, was er immer getan: Er ging. *Tramps like us baby we are born to run.* Wir folgten, mußten ihm folgen.

144

In den Garten ging er, zum Buffet, wo's die Spaghetti gab. Wir sprachen miteinander, nichts von Belang. Ja, sehr gut entsinne er sich: 1988, die hundertsechzigtausend Leute in Ostberlin, *Bruuuce, Bruuuce* schreiend, so daß er reden mußte, nicht nur singen, und sagte, was das Jugendradio DT 64 ihm aus der Übertragung schnitt: *... und ich hoffe, daß eines Tages alle Mauern fallen.* Das sei ja nun passiert, *thank God.*

Dann ging er zurück zu seiner Frau. Desperado, du kommst heim. Es wird Zeit zur Treue. Die Musik kehrt in sich selbst zurück. Ein Rock'n'Roll-Folkie bist du geworden, ein Fall für Guy Clark, John Hiatt, Townes Van Zandt, die, statt die Welt zu fordern, mit den Kindern spielen. Die alten Schlachten sind verloren – Hölle, wo ist dein Sieg? *Ihr glücklichen Augen, was je ihr gesehn, es sei wie es wolle, es war doch so schön.*

Nun trink noch einen. Das Sony-Girl erzählt vom Kinderkriegen: daß sie Angst hat, eine andere zu werden, wenn da ein Menschlein krabbelt, dessen Muttertier sich tüttelig erschöpft in Instinkten, denen sie nie parieren wollte. Keine Sorge, sagtest du, ganz gütiger Vater, und tatest mächtig alt. Klar ändert man sich, mit Vergnügen. Man freut sich dran. Man hat genommen, jetzt will man geben.

Nun trink noch einen. Nun trink noch einen. Nun trink noch einen und schau, wie prächtig du Fahrt machst in deinem ankernden Kahn. Die Fackeln im Garten brennen herab. Wann beginnt es, daß man nicht mehr veräusträumt, sondern in Erinnerung? Erst scheitern die Schiffe. Dann segeln die Riffe.

April 1993

Das satte Herz

Bruce Springsteens bürgerliche Wiederkehr

»Oh yeah, life goes on
long after the thrill of living is gone.«
(John Mellencamp)

Für dreißig Mark, zum halben Preis? Er nickt betrübt,
der Raffke vor der Festhalle zu Frankfurt am Main.
Matt reckt er einen Fächer Springsteen-Tickets, die
keiner haben will. Wer sich von des Meisters beiden
einzigen Deutschland-Konzerten den großen Reibach
versprochen hatte, der sah sein wucherisches Herz ge-
täuscht.

Es fiel ein Stern. Vier lange Jahre hatte Bruce Springsteen geschwiegen – keine Platte, keine Tour –, hatte
die E-Street Band aufgelöst, Patti Scialfa geheiratet
und zwei Kinder in die Welt gesetzt. Und er war nach
Los Angeles gezogen, nach Malibu. Der Tramp, der Out-
law baute ein Millionenhaus.

Was er nun besang, kannte er nur mehr aus dem
Fernsehen: den jungen Leutnant Jimmy Bly an der
Straße nach Basra, wie er durch die Kleider der Gefallenen schreitet. Den kleinen Raphael Rodriguez, er-
schossen auf dem Schulhof von East Compton Cholos.
Beliebige Zitate von draußen, aus der argen Welt. Springsteen brachte drinnen sein Söhnchen zu Bett. »Ich will
mir eine Mauer bauen«, sang er, »so hoch, daß keiner
sie niederbrennt.« Gefangen. Ein Stern fiel unter die
Stars. Er mußte fallen.

Anfang der siebziger Jahre war er aufgetaucht, ein
Underdog aus Asbury Park/New Jersey, dessen hekti-
sches Erstlingswerk keinen vom Hocker riß: zuviel Ego-
manie, zuviel bemühte Gedichte. Dann wurde Springsteen ruhiger und klarer. Vor allem wurde er berühmt,

146

nachdem der Kritiker Jon Landau erklärt hatte, er habe »die Zukunft des Rock'n'Roll gesehen: Ihr Name ist Bruce Springsteen.« In Springsteen, geboren 1949, wuchs mehr heran als ein Rockstar. Er war nicht genialisch als Sänger und Gitarrist, auch kein Poet von feinsten Graden, aber begnadet mit Pathos, Liebe zum Detail und einem Führungswillen, der in der populären Musik mit dem Ende der Hippie-Ära suspekt geworden war. Das Thema *Amerika* blieb seither kampflos den Ideologen, Zynikern und Hillbillys überlassen.

Springsteen schuf auf seinen Platten amerikanische Sittenbilder, Kleinstadt-Dramen, Desperado-Lebensläufe und sprach alles an, wonach *Amerika* sich sehnt: Mythos, Passion, Geschichte, vor allem aber Größe, weil dortzulande auch das gewöhnlichste Leben hinauf zum Himmel langt. *Everybody has a hungry heart.* Springsteen sang von Highways und toten Fabriken, von Sandy Candy, Bobby Jean und der Finsternis am Rande der Heimatstadt, aus der man fortmuß, nachts, damit sie einander mythisch werden – die Stadt und ihr verlorener Sohn. Dieser subtile Patriotismus, ohne Falsch und Humor, bewegte sogar Ronald Reagan, sich des Sängers zu versichern. Dessen Träumen sei auch seines, gestand er 1984 auf Wahlkampftour. Springsteen distanzierte sich, aber spätestens im Jahr darauf, mit dem Rundum-Erfolg des beispielhaft mißverständlichen »Born In The USA« muß ihm aufgegangen sein, daß er nichts ändern könnte, nur beschreiben. *Amerika* lief, wie es lief. Ihn aber liebten sie alle, die Guten wie die Bösen. Der ist unser, dachte jedermann, da er doch alle gerufen hatte in seine gigantischen Stadien-Konzerte. Er saß in der Narrenfalle. Müde war er auch.

Springsteens Wiederkehr wurde lange annonciert. Als es in diesem Frühjahr endlich soweit war, hatte er statt einer zwei neue Platten fertig: seßhafte Werke, die nicht unglücklicher klangen als ihr Schöpfer und bei seinen Jüngern wohlwollende Enttäuschung erzeugten. Verglichen mit den Elaboraten von Michael Jackson, Genesis und ähnlichen Rock'n'Roll-Vernichtern, sind »Human Touch« und besonders »Lucky Town« vorzügliche Alben. An Springsteen selber gemessen, bügeln sie Natur. Der

147

Klang ist glatt, die Keyboards und Gitarren halten Contenance, und Schlagzeuger Jeff Porcaro, »technisch« gewiß höher dotiert als Max Weinberg, der Klopper der E-Street Band, liefert kühles Yuppie-Drumming.

Auch was in Frankfurt von der Bühne kommt, ist routinierter Handwerks-Klang, der wärmt, aber nicht brennt. Nur Springsteen singt wie ehedem, bloß daß ihn kein Kollege mehr treibt. Vor »Badlands« wird Jimi Hendrix' »Star Spangled Banner« zitiert, »57 Channels« unterlegt mit einer dröhnenden Collage aus Bush-Phrasen und Radio-Reports von den Krawallen in Los Angeles – Kolportage statt Präsenz. Springsteens rockpolitische Reden an die Nation sind gleichfalls Vergangenheit. »Ich war vier Jahre nicht unterwegs«, erklärt der Tribun i.R., »seither habe ich zwei Babys gekriegt.« Das Volk ist einverstanden. Ehefrau Patti tritt beweiskräftig herzu. »Hometown« kommt, »Darkness On The Edge Of Town«, aber alles, bis auf »The River«, stammt irgendwie aus zweiter Hand: ein ordentlicher Nachbau seiner selbst.

Pause. Dann geht's weiter mit »Lucky Town«, »Thunder Road«, »Human Touch«, »Hungry Heart«. Längst ist das distinguierte rote Hemd gefallen. Springsteen schwitzt im Muskel-Shirt, springt in spitzen Stiefeln, die Gitarre laufabwärts wie ein Gewehr. »Doya people wanna keep rockin'?« – »Yeah!« – »Shoutin'?« – »Yeaaahh!!!« – »Rockin'?« Die Masse brüllt und wogt. »Uuuh, shit«, sagt Bruce entzückt. Patti, Bobby King und die Mädchen vom Chor gospeln im Hintergrund, und die Band tobt fast wie damals in den »Glory Days«, bis nach drei Stunden die Halle rast. Zum Schluß wird's noch mal ganz still, und Springsteen schließt mit »My Beautiful Reward«.

»Heute Nacht spür' ich auf dem Rücken kalten Wind«, singt er, und daß er schwarz gefiedert über graue Felder fliege, aufgestiegen am schweigenden Ufer des Stroms.

Ich habe Bruce Springsteens Zukunft gesehen. Ihr Name war Carl Perkins, geboren 1932, vor urdenklichen Zeiten Elvis' Rock'n'Roll-Rivale in Memphis/Tennessee. Ihm gelang, was Presley und so vielen mißglückte: Er blieb am Leben.

148

Ein paar Tage vor Springsteens Frankfurter Konzerten spielte Perkins im neuen Berliner Hard-Rock-Café. Es wackelten die Knie, es zuckte die graue Perücke. Perkins schluchzte »Honey Don't«, »Blue Suede Shoes« und derlei unschuldsvolles Zeug, bat nach fünf Songs um ein Päuschen und verschwand auf Nimmerwiedersehen. Die Band machte weiter. Die Leute belachten den Streich und tanzten sich wild. Es rannen Schweiß und Bier, es rollte das Blut, die Petticoats und Entenschwänze wippten, indes Carl Perkins im Hotel sein Bett bestieg. Droben die Sterne, hier unten der alte Mann. Sein Lärm ist vollbracht. Und siehe, alles war gut.

Damals, als es begann mit der Musik, ließ sich ja nie ahnen, daß einer von diesen Tanzbären und fröhlichen Säufern aufstiege zum Propheten und sich gebärdete wie der Gegenpräsident: »Ich aber sage dir, Amerika ...« Gesagt, getan. Nach anderthalb Jahrzehnten Unrast und Übermaß hat Bruce Springsteen als Visionär gekündigt. Er wollte heim. Wie alle Weissagung hat auch die seine nichts verhindert und sich nur den Gläubigen erfüllt, die das Wort für die Sache nehmen.

Jetzt ist der Prophet mit der Botschaft durchgebrannt. Statt weiterhin *Amerikas* große Familie zu beschwören, hat er nun eine kleine: Bruce Springsteen, Sohn eines Busfahrers aus New Jersey, einst Stimme *Amerikas*, jetzt Boß einer »Bande von glücklichen Dieben«, die »Gott von seinen Schätzen stiehlt, was immer wir kriegen können«. »Mein wunderschöner Lohn«, singt Springsteen im »Kartenhaus« hinter der Mauer, »dies sind die besseren Tage.«

Aber das Glück ist kein Dichter. Steve Earle, Steve Forbert, John Mellencamp – sie machen heute die besseren Springsteen-Platten. Als hätten wir noch nicht genug davon.

Juni 1992

149

Das brennende Licht
Bruce Cockburn, ein weiser Mann aus Kanada

»Nobody's interested
in things that you didn't do.«
(The Tragically Hip)

Er ist kein Rockstar, er ißt Suppe. Nie hat er Hoteltüren
eingetreten, nie in den Fahrstuhl gepinkelt oder *stoned*
von der Bühne gegrölt. Ihm hockt kein Affe im Genick.
Die anarchischen Geräusche der Gegenkultur erzeugten andere, und was die Rock-Welt an Ruhm und Desastern zu vergeben hatte, ging an Bruce Cockburn vorüber. Überaus normal sitzt er am Kantinentisch des
Berliner »Quartier« und rührt in seiner Nudelsuppe:
ein großer grauer Mann in Jeans und Leinenjacke. Nicht
mal der grüne Stein im Ohr birgt einen mythischen
Spleen. »Den Topas hab' ich aus Nepal mitgebracht«,
sagt Cockburn. »Tragen dort viele Männer. Sieht auf
dunkler Haut auch besser aus als bei einem Weißen.«
Bruce Cockburn, 1945 als Sohn eines kanadischen
Arztes geboren, lebte, bis er achtzehn war, in Ottawa.
»Liberal und agnostisch« sei sein Elternhaus gewesen.
1963 zog er aus, trampte ein paar Monate durch West-
europa und verbrachte die folgenden anderthalb Jahre
an der Berklee School of Music in Boston. Als die Hip-
pie-Welle über Nordamerika schwappte, war Cockburn
schon ein bißchen alt. Er sieht sich als späten Beatnik.
Die Hippies hätten wunderbare Ideale gehabt, »doch
als Bewegung waren sie bestenfalls naiv, schlimmsten-
falls dumm. Ich mochte den Vietnamkrieg genausowenig, aber deshalb dachte ich doch nicht, eine Pop-Be-
wegung hätte darauf irgendwelchen Einfluß.«
Dummheit hält Cockburn frisch heraus für eine wichtige Triebkraft der Rock-Kultur: »Vielleicht ist das un-

fair. Aber die meisten Rocker sind ganz normale Leute und scheren sich nicht um die Zerstörung des Regenwaldes in Mittelamerika, sondern nur um ihre persönlichen Sentiments. Davon handelt die Musik, und deshalb läßt sie sich so leicht von den Medien kontrollieren.« Massenkultur – ein riesiges Komplott zur Wahrung des Status quo?

Bruce Cockburn, der Mann für Rock-Fans mit Brille und Vision, hat seit 1969 neunzehn Langspielplatten veröffentlicht, deren Stärke manchmal ihre Schwäche war: »unzeitgemäße« Ehrlichkeit, eine Bekennerwut, der in der Populärmusik seit zwanzig Jahren die Amüsanz abgesprochen wird. Cockburn durchschweifte und bedichtete die Welt als guter Geist – ein anderer Johnny Cash, der ja so lange Schwarz tragen will, bis alles Unrecht von dieser Erde verschwunden ist. Verwandte Helden aus den großen alten Tagen – Neil Young, Randy Newman, Bob Dylan, auch Bruce Springsteen – entflohen sich selbst von Zeit zu Zeit, in Experimente, in Suff, in Zynismus, zur Fahne des Vaterlandes oder ins große Schweigen. Cockburn blieb der eigenen Lauterkeit ausgeliefert. Seine Dichtung quoll über vor Liebe und Not: Flüchtlingselend, Radium-Regen, Indianer ... Musikalisch adaptierte er, was ihm behagte an Gitarren-Rock, Folk, Reggae, doch am Anfang war immer das Wort.

Damit beglaubigt sei, daß er nicht anders könnte, bekam Bruce Cockburn vom kategorienbeflissenen Business das Etikett des wiedergeborenen Christen verpaßt. Cockburn verwendet viel Energie, um zu erklären, was er nicht ist: ein Evangelikaler. »Ich habe viel gelesen. Mein Weg ging übers Denken, über Existentialismus und Buddhismus. Ich erfuhr etwas, das ich als Gegenwart Christi empfand, aber darüber kann ich schlecht sprechen. Jedenfalls bin ich nicht stockblind hingestürzt auf der Straße nach Damaskus.«

Folgt ein Exkurs über den amerikanischen TV-Evangelismus und sein segensreiches Wirken auf Politiker und Wählervolk. »Alles Gold und zeitliche Macht!« sagt Cockburn und grient schmerzlich: Er sei leider nicht der Jerry-Falwell-Typ – »vielleicht eher Jimmy Swag-

gart«. Swaggart erwarb sich unter Amerikas Fern-Er-
lösern den höchsten Unterhaltungswert, weil er live
auf Sendung heulen konnte wie ein Schloßhund. »Die
Kanadier lieben diese christliche Rahmung des Lebens
genauso wie die Amerikaner. Möglicherweise sind wir
ein bißchen skeptischer und belasten unsere Politiker
mit weniger religiöser Autorität.«

Bruce Cockburn war einer der wenigen Rockmusiker,
die in der DDR auftreten durften, bevor die FDJ dem
spätkapitalistischen Radau alle Türen aufmachte. »Ich
hatte die richtigen Referenzen«, erinnert er sich an
seine umjubelten Ost-Konzerte 1985. Die LP »Stealing
Fire« war erschienen mit dem polit-romantischen Ni-
caragua-Song und mit »If I Had A Rocket Launcher«,
worin Cockburn besang, was er in Südamerika erlebt
hatte: die Hubschrauberangriffe guatemaltekischer To-
desschwadronen auf ein Flüchtlingscamp. *Wenn ich einen Raketenwerfer hätte / müßte wer bezahlen.*

So, sagt er, ein Christ darf nicht zornig sein? »Ich
bin kein Pazifist. Ich habe in Mittelamerika eine Menge
peacemakers gesehen – tote. Wer verhandeln wollte,
wurde umgebracht. Gewalt kommt manchmal ungeru-
fen auf dich zu. Wenn jemand meine Tochter bedrohen
würde, fände ich es leicht zu töten.«

Er meidet die Penetranz des Erlösten und sagt, er
sei ein Sucher, kein Prediger. Ihn ängstigt der Vor-
marsch des Fundamentalismus – ein *bullshit*, der nur
davon abhalte, selbst zu entscheiden: »Ich wehre mich
dagegen, daß wir die Freiheit, die wir empfangen haben, einer Ideologie opfern, wie immer sie heißt. Fundamentalismus erzeugt nichts als Agonie und Schwäche.« Und dann sagt der Drüberflieger: »Es ist so leicht,
frei zu sein.« Viele sind berufen, wenige erwählt.

Cockburns neueste und schönste Langspielplatte zeigt
exemplarisch, warum sein kommerzieller Erfolg uner-
heblich bleiben muß: Cockburn ertrüge ihn nicht. Er
lebt von den Gaben der Minderheit. Den Pilger verlangt
nicht nach touristischem Geleit. *Wenn du einen Traum
wie meinen hast / dann macht dich keiner klein.*

»Nothing But A Burning Light«, eine Platte, die so
klingt, wie sie heißt, ist eine Perle im täglichen Pop-

Bruce Cockburn

Geröll. Das »brennende Licht« steht für die Bibel. Dunkel und gelöst singt Cockburn von den acht Millionen Geheimnissen, die in jedem Menschen wohnen, von Herodes' Kindermord, von den mächtigen Trucks, die nachts aus Los Angeles zu den Billig-Fabriken nach Mexiko rollen. Er singt, umflattert von Booker T.s Orgelschleiern, und Jim Keltner trommelt still und knapp.

Cockburns Wörter mögen kratzen und beißen – das Gitarrenspiel verrät, daß sein Instinkt nicht Kampf ist, sondern Rückzug in die Distanz, weg, fort, hinaus, dahin, wo die Schöpfung ungeschaute Bilder zeigt statt restlos benannter Dinge. Cockburn, nie die Nummer eins und nirgends der letzte, ist ein steter Flüchtling jener Welt, die nur die wohlvertrauten Extreme honoriert: Der Zwang zum Image ist der Fundamentalismus des Marktes.

Bruce Cockburn stammt aus einer Zeit, da Rockmusik der argen Welt von draußen ein Gegenbild hinreckte. Längst sind Welt und Bildnis in eins geraten, spiegeln und brechen sich, verstärken einander virtuos und heben sich auf. *Right or wrong,* Popmusik ist wieder Ausdruck ihrer Zeit, auf Kosten der Unschuld und jener Eigenschaft, auf die der alte Aufklärer Cockburn am wenigsten verzichten könnte: Schönheit – den Glauben, daß sich das Wahre nicht im Wirklichen erschöpft. Postmoderne Popmusik ist ein Reflektor jedweden Lichtes, Bruce Cockburn ein Schöpfer, der in selbstgemalten Wassern schwimmen geht. Das hat auch was von Münchhausen.

Vierhundert Erleuchteten sang Bruce Cockburn auf der Bühne des Berliner »Quartier«, daß jedermann selbst das Maß der Dinge sei, nicht Opfer der Welt und ihrer Katastrophen. »Ich glaube nicht an das Ende durch den großen Atomkrieg«, meinte er; die Suppe war längst kalt. Elementare Szenarien interessieren ihn wenig. »Der Tod ist ein Fakt«, sagt er. »Mir geht es um den Status, den wir vor dem Tod erreichen, und da fürchte ich, das Leben wird häßlicher und häßlicher.«

Bruce Cockburn ist ein Weiser. Man erträgt ihn nicht immer, denn das banale Leben hat opportunistische Reize, die bei Cockburn, dem Erhabenen, keine Rolle spielen. Es gibt nun mal Tage, da liegt die tiefere Wahrheit flach, und statt am Wein der Wahrheit berauscht sich die Seele am Bier der Sportschau. Das kommt und geht. Man gewinnt und verliert sich und hat in Bruce Cockburn einen Begleiter vom Schlage seines älteren Kollegen Matthias Claudius: *Wir spinnen Luftgespinste / und suchen viele Künste / und kommen weiter von dem Ziel.*

»Zeit« Nr. 24/92

154

Orpheus steigt herab

Townes Van Zandt, der berühmteste unbekannte
Folk-Poet

*»Townes Van Zandt ist der beste Songschreiber der Welt,
und ich stelle mich in meinen Cowboystiefeln auf Bob
Dylans Kaffeetisch und sage das.«*
(Steve Earle)

Dumm, sagt er, peinlich. »Bob Dylan fand das genauso
blöd wie ich.« Die Firma Rounder Records wollte den
Absatz von »At My Window« befördern und klebte obi-
ges Zitat auf die Platte. Vielleicht hat das sogar geholfen; Dylan kennt ja jeder. Daß Townes Van Zandt
kaum einer kennt, ist seinen Fans ganz lieb. So muß
man ihn nicht teilen. Umringt von polygamem Pop,
bleibt Van Zandt seinen Treuen ein Treuer.

Das Foto machen wir später. Er wird die schwarze
Hornbrille absetzen, sich aus dem Fischgrätenmantel
pellen, das Ginglas fortschieben (»Sonst sieht das meine
Frau«). Dann wird er lächeln für das Bild. »Ich hatte
mein Lebtag Probleme. Bin durch Feuer und Wasser
gegangen, durch Alkohol, ach, alles. Ich war in *never-
never-land.*«

Geboren 1944 in Forth Worth. Der Vater ein *oil man*,
die Eltern reich, aber mobil. Von Westtexas nach Mon-
tana zog die Familie, nach Colorado, Illinois, Minne-
sota, dann zurück nach Texas. Kindheit: im Radio Hank
Williams. Dann im Fernsehen Elvis. Die große Schwester fiel in kreischendes Entzücken. Townes erkannte:
Dies ist die Offenbarung. Der Vater versprach ihm zu
Weihnachten eine Gitarre, wenn er »Freulein« lernte.
Freulein, Freulein, you are my pretty Freulein.

Amerikas Mythologie kennt zwei Sorten Mensch. Die
einen bleiben. Der andere, ein Singular, geht fort, durch-
mißt den Raum des Reiches und die Zeiten, kämpft,

leidet, stirbt oder kehrt zurück, die Taschen voll Gefahr. *Finger laufen dunkelwärts / Mitternacht in Sinnen / sammle dir dein Gold ans Herz / Mondschein, Narr, ist drinnen / greifst du es und trägst es heim / schmelzen deine Hände / so laß diesen Traum allein / such ein andres Ende.*

Townes trampte jahrelang durchs Land, lebte in Houston und New York und in Colorados Bergen. »Wenn der Schnee kam, bin ich hinuntergeritten und habe mit den Minenarbeitern gespielt und getrunken.« Er sang in rohen Spelunken – witzige *talking blues*, mehr Notwehr als Bekenntnis. »Ich fragte Lightnin' Hopkins: ›Sir, was ist Blues?‹ Er sagte: ›Die Kreuzung von Grün und Gelb.«

Sein erster wirklicher Song war »Waiting 'round To Die«, über das Streunen und Saufen und weitere Arten, den Tod zu erwarten. »Ich war ein fahrender Sänger. Damals konnte man noch irgendwo hinkommen, am Mittwoch vorspielen, am Freitag auftreten für zwanzig oder vierzig Dollar. Was genug war. Heute brauchst du eine Platte und mußt Monate im Voraus buchen.« Ein Freund rief ihn nach Nashville. Dort machte er zehn Platten und blieb weidlich unbekannt, bis Doc Watson »If I Needed You« übernahm und Emmylou Harris 1977 »Pancho & Lefty«, den Outlaw-Song, der heute noch in Austin eine Hymne ist.

Billy Graham, sagt Van Zandt, sei eigentlich der Koautor. »Ich war in Dallas zur selben Zeit wie Graham und irgendein Guru. Graham hatte eine halbe Million Publikum, der Guru noch mal die Hälfte und ich sieben Säufer aus der Unterstadt. Im Kreis von fünfzig Meilen gab es kein Hotel. Ich landete dann irgendwo außerhalb in einem Schuppen ohne Fernseher und Coke-Maschine, und der Swimmingpool hatte einen Riß. Ich *mußte* schreiben, dank Billy Graham.«

Schreiben ist für Van Zandt eine Qual. Es kommt über ihn. Es stürzt herab, braust auf; er rast und kommt kaum hinterher. »Bei ›Mr. Mudd And Mr. Gold‹ hatte ich keine Ahnung, was ich überhaupt schrieb«, nachts um drei in South Carolina. Um Ruhe zu finden, hätte er sich »manchmal am liebsten die Hände abgehackt«. Dann Stille,

156

lange nichts. Sein letztes Studio-Album stammt von 1987. Für ein neues hat er sieben Songs beisammen. Drei sucht er noch. Er möchte über Aids schreiben und weiß nicht, wie. »Es darf nicht bevormundend klingen.« Es scheint, als sei Townes Van Zandt nie jung gewesen. Der Rebellion entzog er sich durch Flucht. »Ich war mehr ein trauriger als ein zorniger junger Mann.« Woher die Düsternis? »Weil die Sonne verbrennt. Alles, was ich liebte, starb. Und wenn nicht, so würde es sterben. So läuft die Welt, und es bricht dir das Herz.« *Leih mir Lungen, bitte ich / meine wollen sterben / stehe starr und bitterlich / atme Zeit in Scherben / atme her und atme hin / bete, daß kein Gift im Tag / rings ist Leben, und ich bin / einsam, unentschieden, zag.*

Später lehrte er sich Dankbarkeit. »Als ich älter wurde und klüger, lernte ich Respekt für das, was mir gegeben wird. Ich bin kein mißverstandener Mensch. Ich habe eine großartige Frau, zwei großartige Söhne (23 und 9) und eine Tochter.« Die ist erst acht Monate alt, jedoch gleichfalls bereits großartig. »Ich könnte nicht glücklicher sein«, sagt Townes und verbessert: »Nicht mehr gesegnet.« Albert Schweitzer ist sein Held. »Wenn Albert nicht im Himmel ist, kommt überhaupt keiner rein.« Van Gogh dürfte es auch geschafft haben.

Die Wanderjahre sind vorbei. »Ich muß nicht mehr losziehen, Mädchen suchen, trinken. Ich bin drüber weg. Ich brauche das Zeug nicht mehr.« Manchmal geht er noch in Clubs, wenn Freunde spielen – Guy Clark oder John Prine. Er lebt in *guitar town* Nashville, obwohl er eigentlich nach Austin/Texas gehört, in die Residenz der Folk-Poeten.

Aufs *business* verwendet er kaum Energie. Ein bißchen Zeit müsse man investieren, sonst werde man betrogen. Natürlich lebt auch Townes Van Zandt von der Country-Industrie und den Tantiemen berühmter Kollegen, die seine Songs zu schönen Fremdlingen machen, was ihm gestattet, in kleinen Clubs zu spielen, wann immer er Lust hat oder keine. »Seine Songs sind die Antithese alles Industriellen«, schrieb Paul Zollo. »Er hält sich außerhalb der Maschinerie, und das macht seine Musik unabhängig vom Markt.« Wer's fühlt, ist frei, auch wenn

Townes Van Zandt

er's nicht hat. Townes' archaische Welt wird gedeckt von allen, die wünschen, seine Freiheit möge ihre sein: Rockfans ohne Lust auf Jugendkult; großstadtmüde Seelen; bukolische Ami-Anarchos; tröstliche Denker, die gern Dichter wären; Dichter, die gern sängen. Ein Markt auch sie? Nicht seine Kreaturen.

Denn Townes Van Zandt ist Schöpfer. »Wenn ich schreibe, gibt es nur mich und den Kosmos.« Das sucht und fürchtet man doch allermeist: aus dieser Welt der Interdependenz herauszufallen, verlassen von allen guten und bösen Geistern. »Du mußt allein sein. Du mußt bereit sein, wenn ein Song kommt.« *Non but the rain* und *Snowin' on Reton*, Himmel und Erde, dazwischen der singende Mann: Barlachs Bild. *Hoch, tief kommen die Tage zur Welt / wie Regen auf eine Trommel fällt / vergiß, verliere jedes Wort / aber jage nichts fort / Leben ist Fliegen / oben, hienieden / aus Schwingen und Augen / wirf Staub und den Schlaf.*

Das Café füllt sich. Gläser scheppern, Stimmen klirren, die Espressomaschine schreit. Van Zandt wird leiser. »Respekt«, sagt er, »Dank«; es wird Zeit für letzte Worte. »Der Schlüssel ist Dankbarkeit. In jedem Song steckt Hoffnung. Ich bin kein Missionar im Licht mit der Gitarre. Ich bringe nur zusammen.« Um messianische Verwechslung glaubhaft zu vermeiden, erzählt er noch einen Witz: »Was ist das: hat vier Beine und einen Arm.« – ?? – »Ein Rottweiler.«

It's nice to make a new friend, schreibt er auf die Kassette. *Take care!*, und malt die Welt dazu: eine Straße, einen Berg, einen Kaktus, keinen Rottweiler. Schon ist er weg, hinaus in den klammen Berliner Herbstabend. Sechs Stunden später, längst nach Mitternacht, steht Van Zandt auf der kleinen Bühne des »Quasimodo«.

Wie er singt, dunkel, schleppend, hingehockt auf seinen Stuhl, da fühlt man irgendwie, dieser große dürre Mann sei in Gefahr. »Our Mother The Mountain« kommt, »Tecumseh Valley«, »Dead Flowers« von den Stones, Springsteens »Racing In The Streets«, das sterbensschwarze »Nothin'«. Nach anderthalb Stunden geht er, wird herausgebrüllt, singt »Two Girls«, geht, muß wiederkommen, singt »Flyin' Shoes«, geht.

159

In solch kalter Nacht zog Townes Menschensohn durch die Straßen von New York, 600 Dollar Gage in der Tasche, in Zwanzigernoten, ging vorbei an den Bettlern und *bums* von Manhattan und gab jedem einen Schein – jedem, der wach war. Darum wachet! Orpheus steigt herab.

Dann sitzt er hinter der Bühne, müde und verloren. Jetzt geh. Jetzt verschwinde. Fremd ist er und leer, bis das Glas sich wieder füllt. Er läuft über dünnes Eis. Und siehe, es trägt.

November 1992

Heute leben, morgen sterben

Guns N' Roses, die »gefährlichste Rockband der Welt«

*»A song thats over
is no song at all.«
(Bruce Cockburn)*

Wir sprechen nicht im selben Raum. Er rief aus Wien
an. »Hier ist Slash«, sagte er, bürgerlich Saul Hudson,
Gitarrist von Guns N' Roses. »Tellya what«, sagte er,
»Wien hab' ich gar nicht gesehen. Ich habe den ganzen
Nachmittag im Hotel klassische Musik gehört.«

Ein Schock. War man doch zuverlässig informiert,
die Trümmertruppe aus Los Angeles sei unablässig be-
faßt mit Sauf-und-Bums-Parties, mit dem Erschießen
von Schweinen (oder Hunden?), mit Prügeleien, Heroin,
Selbstmord und was ein Rock'n'Roll-Kid sonst an Vergnügen findet in dieser *fuckin'* Welt. Die Medien wollten
es so. *Welcome to the jungle*: Ein Vierteljahrhundert
nach den Rolling Stones sei der Krieg als Vater der
Dinge in die Rockwelt heimgekehrt.

Es gab derlei. Seit sich Guns N' Roses aufmachten
vor fünf Jahren, säumten sie ihren Weg mit Exzessen,
abgesagten Shows, Tumulten während der Konzerte
und wüster Volksbeschimpfung. Axl Rose, der kreischende
Sänger, ermunterte zwar stets das Publikum zu freiem
Fühlen und Tun. Ihm mißbehagte aber, wenn die Leute,
diesem Rufe folgend, wohlgefüllte Bierflaschen auf die
Bühne warfen. Im britischen Donington wurden 1988
während eines Konzertes zwei Menschen erdrückt.
»Schwer zu sagen, ob man sich da schuldig fühlt«, meint
Slash. »Es war ein Festival. Wir hatten noch nie vor
so vielen Leuten gespielt. Wir stoppten die Show dreimal und sagten den *fuckers*, sie sollten Ruhe geben.«

Bevor man mit Guns N' Roses sprechen darf, ist ein

Vertrag zu unterzeichnen, der jegliche Verfremdung von Zitaten verbietet. »Ich will die richtige Story«, erklärt Rose. »Ich will nicht, daß da steht: ›Steven macht Urlaub‹, sondern: ›Steven Adler ist in einer *fuckin'* Rehabilitation.‹« Adler warfen sie hinaus, weil der Schlagzeuger seine Drogenprobleme nicht in den Griff bekam. Gitarrist Izzy Stradlin, der ein normaleres Leben wünschte, ging von selber. Sänger Rose begab sich in Psychotherapie. Hernach erfuhr die Nation, woher Rose' ständige Aggressionen stammten: Im Alter von zwei Jahren habe ihn sein Vater sexuell mißbraucht. Wogen von Wärme schwappten fortan der Band entgegen: Amerika, wie es verstehen und vergeben will – zumal Rose auch wissen ließ, er leide während der Konzerte oft an Rückenschmerzen und trage seine schwachen Knöchel bandagiert. Armer böser Bube! Die Stones hätten ihrerzeit nicht mal Genickbruch zugegeben.

»Wir sind nicht mehr die selbstzerstörerische Band«, sagt Slash. »Du lebst und lernst. Mit Heroin haben wir aufgehört. Und weißt du, was niemand im Musikgeschäft zugeben wollte? Das Aids-Problem. Jeder hat es auf die Schwulen und Junkies abgewälzt. Jeder dachte, er könnte weitermachen wie bisher.«

Als Freddie Mercury an Aids gestorben war, trugen auch Guns N' Roses im Londoner Wembleystadion zur Totenklage bei. Sie hofften, der Anlaß überlebe die Show und ihr Band-Image sowie die Nachbarschaft jener Popkollegen, deren opportunistische Top-40-Musik Guns N' Roses sonst pflichtschuldigst als *shit* bezeichnen. Slash räumt ein, bei so erheblicher Popularität werde die Rebellenpose etwas kompliziert.

»Als wir anfingen«, erklärt er, »waren wir total gegen das Business. Jetzt benutzen wir es als Vehikel. Wir sind immer noch total rebellisch dagegen, wie das alles läuft.« Doch scheint's, das böse Kapital kommt mit seinen Hofnarren vorzüglich zurecht. »*Fuck 'em!*« sagt Slash forsch. – »Was meinst du, wie viele von eurer Sorte ertragen sie?« Da wird er noch ein Quent freundlicher und raunt zärtlich in den Hörer: »Wen kümmert das? Komm morgen in die Show. Du wirst sehen: Wir machen, was wir wollen.«

Es ist voller als bei Hertha, aber leerer als bei Hertie. Knapp die Hälfte derer, die erwartet wurden, verlieren sich auf den Rängen des Olympiastadions von Berlin. Die Stadt wird überfüttert mit Konzerten. Selbst wochenlanges Rummeln in den Medien hat der »gefährlichsten Rockband der Welt« nicht mehr als 30 000 Wallfahrer eingetragen.

Im Vorprogramm mühen sich Soundgarden aus Seattle und Faith No More. Der Sänger quäkt, das Schlagzeug pappt, das Echo hallt von überall in dieser Riesenschüssel aus Beton. Wer irgend auf Musik hält, drängt in den Innenraum und harrt aus inmitten von verwegensten Gestalten. Unglaubliche Nasen, Ohren und Nakken. Unerhörte Recken in Leder und verzierter Haut. Allen gemein scheint eine gewisse *Politikverdrossenheit*. Sie stauen sich am Schultheiß-Stand und vor den paar blauen Häuschen, die sie von innen und außen befeuchten. Langsam verbreitet sich der beißende Geruch von Männerbünden. Wo bleibt die *fuckin'* Band?

Da! Schlag acht donnert das Intro, springt Slash mit den Kumpanen aus der Kulisse, drischt Matt Sorum ins Trommelwerk. Axl Rose, in Shorts und wehendem Jackett, stemmt den Fliegerstiefel auf die Box und singt »Live And Let Die«, das alte James-Bond-Lied.

When you were young / And your heart was an open book / You used to say live and let live / You know you did.

Doch nun, hört man von Rose, dem hundertjährigen Tragöden, wolle er leben und sterben lassen.

Zwei Stunden lang arbeiten sich Guns N' Roses durch ihr düsteres Songbuch. Rose kreischt von Besessenheit, von *Mr. Brownstone* Heroin, perfekten Verbrechen und daß der Blues dem Tod der Unschuld folge, *right next door to hell*. Die erste Flasche fliegt. Rose droht mit dem Abbruch der *fuckin'* Show und macht weiter. Sie spielen viele Balladen: »Don't Cry«, Bob Dylans »Knockin' On Heaven's Door«, das prächtige »Civil War«, von Slash mit Jimi Hendrix' »Voodoo Chile« eingeführt. Dann »Wild Horses« von den Stones. Überhaupt zitieren sie ständig – die Who, Led Zeppelin im Übermaß, die Attitüden des Punk –, als müßten sie zeigen, was jeder weiß: Hier ist nichts neu. Guns N' Roses plündern ältere Bestände. Sie schrecken nicht, sie rühren nicht – sie *handeln* von Rührung und Schock: das déjà vu als Schöpfungsprinzip, aber zu laut, aber zu viel. Riesige Aufblaspuppen buhlen um Sensation, Feuerwerk umböllert die Band. Slash und Rose hetzen wie Hasen hin und her auf der achtzig Meter breiten Bühne, die sie sowenig füllen können wie das Stadion. Was sie auch spielen, war schon da. Wie sie auch rennen: Ick bün all hier.

Wenn eine Gestalt der Kunst alt geworden ist, dann kann sie wählen zwischen Weisheit und Klage. Ihre Zeit stellt sie nicht wieder her. Den Alten haben Guns N' Roses nicht die Musik voraus, aber die Jugend, die namenlose Gier und den wilderen Mut, sich mit Radau die Birne vollzuschütten. Denn am Ende, das brüllt man später nicht mehr so leicht heraus, ist doch alles Würmerfraß und Tod.

There's no logic here today / Do as you got to, go your own way / I said that's right / Time's short your life's your own / And in the end / We are just dust'n' bones.

Jeden Morgen in der Frühe zog der Holzfäller Fjodor Iwanowitsch in den Wald zur Arbeit. Eines Tages vernahm er ein silbriges Stimmchen, das um Hilfe rief. Er ging ihm nach und fand, im Dickicht verfangen, eine Elfe. Er machte sie los; zum Lohn gewährte sie ihm drei Wünsche. »Einen Eimer Wodka!« verlangte Fjodor Iwanowitsch. »Und zweitens?« – »Einen See voll Wodka!« – »Und drittens?« Lange besann sich Fjodor Iwanowitsch. Schließlich sagte er, und Trauer flog ihn an: »Noch einen Eimer Wodka.«

Kaum eine Rockband zeugt so rabiat von den Gelüsten und der Ohnmacht des Hedonismus wie Guns N' Roses. Wenn ich einmal reich wär... Sie sind es. Rose erklärte, er habe bei 100 Millionen Dollar aufgehört zu zählen. Nun wünsche er sich nichts als ein bißchen inneren Frieden. Slash fand, es falle ihm keine dringendere Anschaffung ein als die zweite Flasche Schnaps.

Aber sie machten Musik, auf Platten recht hörbare übrigens, als ginge es ums blanke Überleben. Also schrecken sie ihr prüdes Land mit ein wenig Fäkalsprache,

164

als kämpften sie wie Outlaws gegen die Zensur. Also verbreiten sie ihre privaten Traumata im Tausch gegen die tägliche Rattenjagd ihrer Fans, der wahren *underdogs* Amerikas.

Slash gesteht, er sei nicht eigentlich bei den Straßenkötern groß geworden. Sein Vater gestaltete Plattenhüllen für David Geffens Firma. »Ich wuchs auf mit allem, was einen in den Sechzigern umgab: Crosby, Stills, Nash & Young, Joni Mitchell, Phoebe Snow.« Aber dann, sagt er eifrig, »bin ich abgehauen von zu Hause und kam *ewig* nicht heim«.

Ich habe das Gespräch aufgenommen, mit einem prähistorischen DDR-Mikrophon auf staubigem Orwo-Band. Abgespielt auf meinem alten polnischen Spulengerät, klingt Slash, das kalifornische *kid*, nicht wie ein flotter Rebell der CD-Pop-Generation, sondern fast wie ein weiser alter Bluesmann, der er mal werden könnte – falls er am Leben bleibt. »Was willst du in zehn Jahren sein?« – »Ich hasse es, das zu sagen, aber solche Gedanken sind Zeitverschwendung. Ich lebe Tag für Tag. Ich hab' genug zu tun, mit meiner Freundin in L.A. klarzukommen.« Die nämlich, und er kichert, habe keine Ahnung gehabt, was unterwegs so losgeht auf der dröhnenden Straße des Rock'n'Roll. – »Nervt es dich nicht, dauernd das wilde Kind zu spielen?« – Er klage nicht. Er habe ja das Leben, das er wolle. »Bloß manchmal möchtest du normalen Boden unter die Füße kriegen wie jeder Mensch, aber die Leute um dich herum lassen dich nicht. Die wollen dich als Rockstar. Ich bin nicht gern eine Puppe.« – »Und was bist du?« – »Ich bin 26 Jahre alt und spiele in einer Rock'n'Roll-Band.«

Juni 1992

Die Überlebenden

Über Lynyrd Skynyrd, Ry Cooder und das Sentiment
in der Rockmusik

»Looking back, looking back
Too many people looking back«
(Bob Seger)

Am 20. Oktober 1977 stürzte bei McComb/Mississippi
ein kleines Flugzeug ab. Es war von Greenville/South
Carolina nach Baton Rogue in Louisiana unterwegs
gewesen. Der Pilot hatte nicht genug getankt; als er
notlanden wollte, raste die Maschine in einen Wald.
In den Trümmern starb die Rockband Lynyrd Skynyrd:
Sänger Ronnie Van Zant, Gitarrist Steve Gaines, dessen
Schwester Cassie und der Tour-Manager Dean Kilpat-
rick. Der Rest der Gruppe überlebte, schwer verletzt
und auf Jahre gezeichnet. Drei Tage vor dem Absturz
hatte die Band ihr sechstes Album veröffentlicht. »Street
Survivors« hieß es orakelhaft; das gespenstische Cover
zeigte die Musiker lodern in hellen Flammen. Eilends
druckte die Firma andere Hüllen.

Menetekel und Pieta sind zwei häufige Motive der
Rockgeschichte, die – sehr amerikanisch – gern ihre
kurze Existenz mit Mythen weitet. Tote Ikonen: Brian
Jones, die Arme zum Kreuz gebreitet, ertrunken auf
dem Boden des Swimmingpools. Janis Joplin, leblos
im Hotel, an ihren Venen die Stigmata des Heroins.
Jim Morrisons Tod im Bade, österlich inszeniert von
Oliver Stone in seinem Film »The Doors«... Als die
Rock-Religion verkam, starben ihre Stifter und retteten
die Botschaft in den Mythos.

Nur eine kleine Weile, ausgangs der sechziger Jahre,
erhob die amerikanische Populärmusik Anspruch, die
Zeiten zu regieren, statt sich klagend und vergnügt in
den Lauf der Welt zu schicken. Wer sich dem *Love-and-*

166

peace-Treck der Hippies und Rock-Rebellen anschloß, kündigte seinen Gesellschaftsvertrag mit dem biederen Mittelstands-Amerika, wie es von Roosevelts *New Deal* geformt worden war. Die Heiligengeschichte des Rock nennt als Höhepunkt dieser Epoche das Woodstock-Festival im August 1969 und als ihr Ende das berüchtigte Rolling-Stones-Konzert am 6. Dezember 1969 im kalifornischen Altamont, als Ordner unmittelbar vor der Bühne den Farbigen Meredith Hunter erstachen. Das sind Klischees. Nicht an Gewalt oder Drogen ging die Rock-Kultur zugrunde. Sie starb an ihrer allgemeinen Akzeptanz. Sie verlor die subversiven Reize, wurde Pop und ging adrett zu Markte.

Amerika restaurierte sich. Nach all dem Getöse um Vietnam und die Bürgerrechte suchte das Land in alter Gewohnheit wieder Einkehr bei sich selbst: *It is the way it is*. Am besten verkrafteten das die Handwerker des Rock, die Virtuosen ohne Ideologie. Bob Dylan und Neil Young lernten, durch Mythisierung aus Verlust Gewinn zu ziehen. Die Grateful Dead mutierten zu Folkies. Der Southern Rock kam auf, ein Gebräu aus Blues, Folk und Country, bebend von Gitarrenschlachten, voll von anarchischem Outlaw-Trotz und doch befangen im Fatalismus des amerikanischen Südens, wie ihn William Faulkner beschrieben hat.

Ein Maultier sei der Süden, heißt es in »Sartoris«, »nicht von Versuchungen bedrängt noch von Träumen gepeinigt, noch von Visionen getröstet … Ein Menschenfeind, arbeitet es sechs Tage ohne Lohn für eine Kreatur, die es haßt, mit Ketten gebunden an ein Wesen, das es verachtet, und den siebenten Tag verbringt es damit, Fußtritte zu erteilen oder selber welche zu empfangen.«

Southern Rock hat kein Pathos der Veränderung. *We want the world and we want it NOW!* – das waren die Hippies gewesen, die kalifornischen Doors. Southerners buckeln das Kreuz des Südens: *Lord, I can't make any changes*.

Zwei Heldengeschlechter hat der Southern Rock hervorgebracht: die Allman Brothers aus Macon/Georgia und Lynyrd Skynyrd aus Jacksonville/Florida, benannt

Lynyrd Skynyrd 1991. Von links: Ed King, Leon Wilkeson, Gary Rossington, Johnny Van Zant, Custer, Artimus Pyle, Randall Hall und Billy Powell

nach dem Sportlehrer Leonard Skinner, der den Jungs an der Highschool ständig die langen Haare abschneiden wollte. Lynyrd Skynyrds Markenzeichen waren die drei Leadgitarren, mit denen die Band alles, was im Studio per Kopierverfahren aufgenommen wurde, auch im Konzert spielen konnte. Von ihrem vorzüglichen Sänger Ronnie Van Zant geführt, entwickelten die Sumpfland-Rocker eine derart rasante Virtuosität, daß sie bald unter die besten Live-Bands der Vereinigten Staaten aufrückten. Sie galten als *working man's band*, rauh, Gott wie der Sünde ehrlich zugetan und südstaatlich familiär. Van Zants Dichtungen sind Klassiker der Outlaw-Lyrik: die arge Welt, die Straße, das Leben als Rattenjagd, die Taten der Lust und irgendwo, fern, das Mutter-Mädchen, die große Heilandin. All das in ländlicher Melancholie: *Did you ever see the hills in Carolina and the sweetness of the grass in Tennessee?*

Schon das erste Skynyrd-Album 1973 enthielt mit »Free Bird« eine der großen Hymnen des Southern Rock. Die zweite, »Sweet Home Alabama«, folgte als Antwort auf Neil Youngs skeptische Elegien »Alabama« und »Southern Man«, um dem sozialkrittelnden Kanadier Young mit einem ordentlichen Hieb Dixie-Stolz Bescheid zu tun. Die konföderierende Flagge, unentbehrliches Requisit in Southern-Konzerten, zog man allerdings nur noch bei »Sweet Home Alabama« auf. Im Norden war der Haß auf das 13-Sterne-Banner zu groß.

Nach der Flugzeugkatastrophe und längerer Genesungszeit bildeten die überlebenden Skynyrds die Rossington Collins Band, die 1982 die Segel strich. Gitarrist Gary Rossington heiratete Sängerin Dale Krantz und zog mit ihr gen Norden, um in einem Nest in Iowa Kinder aufzuziehen. Einige *street survivors* spielten weiter in der Allen Collins Band, die nach nur einer Platte aus ihrem Vertrag gekippt wurde, als die Firma MCA aus kommerziellen Gründen kurzentschlossen 40 ihrer 47 Rockbands entließ. Collins stürzte in Depressionen, fuhr mit dem Auto seine Freundin zu Tode, sich zum Krüppel und starb, von der Brust abwärts gelähmt, Ende der achtziger Jahre.

Das Band-Zeitalter war vorüber. Die großen Plattenfirmen pflegten *frontman*-Profile: Einzelfiguren, Sänger, Tänzer, Gesichter, was dem Trend zum Video entgegenkam. Die Sampling-Technik hob das lineare Instrumentalspiel auf. Der Produzent galt mehr als die Spieler. Eine eklektische Kultur akustischer Kürzel entstand, und mit dem Start von MTV wurde Musik vollends eine Sache mehr für Augen denn für Ohren. Amerika, das Land der optischen Balz, ist ja unwiderstehlich in seinem Drang zur Visualisierung. Siehe CNN: Viel mehr als das Wort verbürgt das Bild die Wirklichkeit.

Man muß die ästhetischen Innovationen der Videokultur würdigen, ebenso den Umstand, daß der ganz normale US-Gebrauchspop multikulturelle, nichtrassische Images konstruiert. Doch in ihrer kommerziellen Breite ist postmoderne Popkunst ein Kaleidoskop blinkender, klingelnder Tricks, die nichts bedeuten, aber alles heißen *könnten*. Pop: eine leere Box, die jeder nach Belieben füllen muß. Nur die Etiketten sind schon dran. Postmoderner Pop, opportunistisch bis zum letzten Konsumenten, wird nicht nach Wahrheit bemessen, sondern nach Schläue. Wer immer noch moralisch Musik hört, dem ist das ein Graus.

Doch wo Gefahr ist, wächst das Rettende auch. Das Lynyrd-Skynyrd-Memorial 1987, zehn Jahre nach dem Absturz, geriet in eine Renaissance bodenständiger Musik. Es beglückte derartig viele Rock-Väter und computermüde Kinder, daß die Band seitdem wieder durch die Lande zieht. MCA edierte kürzlich eine vorbildliche 3-CD-Chronik. Auch eine Platte erschien; mit Bangen legt man sie auf und hört erfreut, daß hier nicht, wie befürchtet, alte Hirsche ans frische Wasser geführt wurden. Und dann, endlich, kommen sie selbst.

Im Foyer des Westberliner »Interconti«-Hotels wartet ein Trupp uriger Fans: der DDR-Bluestypus, südstaatlich vermummt und zerbeult wie nach der Schlacht von Gettysburg. Der Band-Manager naht; »Dirty Harry« nennt er sich; sein Haupt ziert, als Berliner Beutestück, eine Pelzmütze der Roten Armee. Wo gibt's das noch: Weil die Fans schon mal da sind, schickt Dirty Harry sie hoch auf die Zimmer, damit sie ihre Lieblinge anfassen können.

Dann erscheint Bassist Leon Wilkeson, blaß, schmächtig, hustend. Er setzt sich, in der Hand ein Glas, sucht Zigaretten, sucht sein Feuerzeug. Langsam kommt er ins Reden, die Gedanken sonstwo, nur nicht in Berlin.

Wie alles anfing. Wie es *früher* war, in der »schönen neuen Welt« vor gut zwanzig Jahren, mit den Beatles, den Yardbirds, mit Cream und ohne Musik-Business. Damals wollten sie nichts als spielen und spielen, wenn sie zusammenhockten im »Hell House«, ihrer Hütte im Sumpfland bei Jacksonville, wo sie lärmen konnten, wie sie wollten. »Wir probten, Ronnie verschwand plötzlich und ging runter zum *creek*. Erst nach Stunden kam er zurück. Er hatte den ganzen Text für ›Was I Right Or Wrong‹ Gott, wenn ich so was in mir hätte, ich wüßte es nicht rauszuholen! Wir konnten damals nicht einfach als Lynyrd Skynyrd weitermachen nach deinem Tod, Ronnie.«

Wilkeson schaut nach oben: »Ich bin sicher, Ronnie sieht uns.«

Die Band sei was Wahres, Ehrliches. »Wir wollten nicht aussehen wie Leute, die mit dem Tod Geschäfte machen. Ist auch 'ne Geschmackssache, ob man 'nen viertürigen Chevy fahren muß.« Leon Wilkeson in seiner blauen Stunde raucht, sinnt und schaukelt sachte hin und her. »Ist 'ne stolze Gegend, der Süden. Möchte nirgendwo anders leben.« Und dann, im breiten *Southern drawl*:

New York City's a thousand miles away
Yes I tell you that's okay
I'm not tryin' to put the Big Apple down
They don't need a man like me in town.

I pick cotton down on Dixieline
Work all day tryin' to make a dime
That's all right that's okay 'bout me
Because I know that's the way it was meant to be.

I don't like cars and bus around
I even don't want a piece of concrete in my town
Big city hard times don't bother me
'cause I'm a country boy and I'm as happy as I can be.

Daß Southern Rock, wie oft unterstellt, irgend etwas mit Rassismus und reaktionärer Politik zu tun habe, bestreiten heftig Garry Rossington und Sänger Johnny Van Zant, Ronnies jüngerer Bruder. »Die Südstaaten-Fahne zeigt nur, wo wir herkommen«, sagt Rossington. »Bei euch hier schwenken die Leute eben die russische Fahne.« Behutsamer Einspruch erzeugt Begeisterung: Rossington hat noch nie einen Ostdeutschen gesehen und gratuliert zur Befreiung. *»Freedom, man, that's what America is all about!«* Wann immer in der Welt sich Freiheit ereigne, sei Amerika beglückt, wie jüngst erst wieder im Falle Kuwait.

Und die materialistischen Heimkehr-Militärparaden, der kampfesfrohe Jubel? – »Well«, sagt Johnny Van Zant, »wahrscheinlich hast du mich da auch gesehen. Wir mußten Kuwait befreien. Es gab doch diesen Vertrag. Vietnam, das war wirklich schlimm. Die Leute standen nicht hinter Amerika. Aber wenn jemand sein Leben riskiert und heil nach Hause kommt, dann muß man das feiern. Wir standen zu unseren Leuten, nicht zu den politischen Sachen.« Rossington erklärt, er habe keine Ahnung von Politik, nur von Rock'n'Roll. »Ich weiß nicht mal, warum wir da drüben waren. Ich glaube, wir haben das wegen Vietnam angefangen. Wir stehen hinter unseren Jungs, auch wenn sie im Unrecht sind. Nicht aus Kriegsbegeisterung, sondern einfach, weil's unsere sind.«

Rasch zurück zum musikalischen Bekenntnis: natürlicher Sound, keine Videos, *the real thing*. »Für uns hat sich nichts geändert«, meint Rossington, »nur ein paar Falten, nur ein paar Pfunde mehr.« Fürwahr. Dale Krantz, jetzt Mrs. Rossington, hilft ihrem Gatten, die Kleidung überm Bauch zu schließen. Gary ächzt und greift zur Gitarre. Drinnen, in der Halle, schreit das Volk nach seinen Helden.

Das Konzert wird kolossal, Feuer und Passion, und der Pfeifton im Ohr bleibt zwei Tage. Rossington, Ed King und Randall Hall lassen die Klampfen heulen, Johnny Van Zant röhrt wie einst sein großer Bruder: »Call Me The Breeze«, »Saturday Night Special«, »Simple Man«, »That Smell«, das Todeslied. Ganz zum Schluß, bevor die Hymne kommt, hält Dale Krantz eine flammende Rede auf Ronnie, Allen, Cassie, Dean, Bill Graham und alle *free birds* im Himmel und auf Erden. Denn Freiheit, wir wissen es bereits, *that's what America is all about.*

Ein schmaler Mann von Mitte Vierzig läuft durch Berlin. Er trägt Jeans, Jogging-Jacke, ein T-Shirt, auf dem »Johnny Handsome« steht. Er kommt zum Breitscheidplatz, zur Gedächtniskirche – ein junges Bauwerk, obwohl vom Kriege gezeichnet. Dem Mann scheint sie sehr alt. Er ist Amerikaner.

Kopfschmerzen hat Ry Cooder bekommen auf seinem Berliner Spaziergang. Dauernd stieß sich sein Blick. »Ich bin aus dem Westen. Da gibt es immer noch Gegenden, wo noch nie ein Mensch gelebt hat. Überall endlose Weite. Du sitzt da und schaust in die Leere.

172

Höchstens kommen ein paar Indianer vorbei.« Berlin ist zuviel für ihn. »Jedes Haus, jeder Stein was Historisches.«

Ry Cooder, Jahrgang 1947, ist einer der besten Gitarristen der Rockmusik und hat als Studiomusiker einer Menge berühmter Kollegen mit seinen Künsten beigestanden, unter anderem den Rolling Stones auf ihren Alben »Let It Bleed« und »Sticky Fingers« (wofür sie ihm seine Ideen klauten und als ihre ausgaben, zum Beispiel »Honky Tonk Women«). Cooders eigene Platten trugen ihm den Ruf eines Musik-Archäologen ein. Wo Lynyrd Skynyrd als amerikanische Heldensaga selbst Geschichte *machen*, befördert Ry Cooder fremde Geschichten.

Er durchstöberte das musikalische Erbe des amerikanischen Südwestens nach alten Tramp-Songs, Balladen und Gassenhauern, entstaubte sie und spielte sie mit ursprünglicher Inbrunst ein, was die Kritiker entzückte, allerdings kaum Geld abwarf. Ein Dutzend dieser schatzgräberischen Platten hat er veröffentlicht, eine betörender als die andere, mit Mandoline, Akkordeon, Barber-Shop-Chören und vor allem Cooders köstlichem Slide-Gitarrenspiel. Dann ging ihm »der Sprit aus«, nicht die Philosophie.

»Ich mag, was Sun Ra über Geschichte gesagt hat: *History*, das ist *his story and his and his and his story*. In der Mediengesellschaft handeln die Stories von möglichst allgemeinen Lebensdingen, damit jeder sich drin wiederfinden kann. Aber früher war der *storyteller* kein Typ auf der Mattscheibe, sondern ein Sänger in der Kneipe, und die Leute aus der Umgebung hörten bei ihm was über ihren ganz speziellen Lebenshintergrund.« *Topical music* nennt Cooder das und hat diese ethnische Kommunikationsform selbst erlebt, in einer kleinen Bar in West San Antonio. »Die Oma paßte auf die Kinder auf, die Ehepaare tanzten, die Unverheirateten prügelten sich draußen auf dem Parkplatz. Die Band auf der Bühne spielte einen Song, der gerade entstanden war. Es ging um einen Typen namens Corrado, der vor zwei Tagen aus dem Gefängnis ausgebrochen war und dann die Polizisten umbrachte, die ihn eingeloch hat-

Ry Cooder

ten. Innerhalb von 48 Stunden lief der Song durch die ganze Stadt, in vier oder fünf Versionen. Natürlich lasen die Leute Zeitung und guckten fern, aber das hier, auf der Bühne, war kein fremdes Medium. Das war ihrs.«

Diese Art Pop kann auch Ry Cooder nicht neu beleben, denn »dort, wo ich wohne, passiert nie was«. Es sei denn, am benachbarten Restaurant in Santa Monica fährt Arnold Schwarzenegger vor, mit dem »Wüstensturm«-Panzerjeep, den er General Schwarzkopf abgekauft hat und zärtlich »Baby« nennt. »›Terminator‹ steht hinten dran«, sagt Cooder und grinst verdrossen. »Arnie. Hat 'ne Menge Geld. Die Leute lieben ihn. *They llllove him!*« Wenn Cooder über den Golfkrieg spricht, hört sich das etwas anders an als bei Lynyrd Skynyrd. Er hält George Bush und Saddam Hussein schlicht für symbiotisch. »Bush will wiedergewählt werden. Dazu hat er Saddam gebraucht. Vorher haben sie Noriega benutzt. Sie werden es immer wieder so machen. Was Stimmen bringt, wird gemacht, und wenn dafür Leute sterben müssen. Da war dieser Luftwaffengeneral im Fern-

174

sehen, der sagte in einem unvorsichtigen Augenblick: ›Unsere Aufnahmen des Bombardements von Bagdad dürfen niemals an die Öffentlichkeit geraten! Wenn die Leute *das* sähen, wäre kein Krieg mehr möglich.‹

Nicht nur Arnold Schwarzenegger, auch Ry Cooder hat in Hollywood Geld verdient. Als in der Rockmusik das visuelle Zeitalter anbrach, ging Ry Cooder daran, den Trend mit dessen eigenen Waffen zu schlagen, und verlegte sich auf Film-Soundtracks. In »Alamo Bay«, »Crossroads«, »Johnny Handsome«, »The Long Riders« fand er, was in seinem wirklichen Leben nicht geschah. »Ich sehe mir einfach den Film an und denke: Was höre ich? Das ist das letzte Refugium abstrakter Musik.«

Seinen berühmtesten Soundtrack fabrizierte Cooder zu Wim Wenders' »Paris, Texas«. Ganz leicht war's, sagt er. »Spiel einfach ein bißchen Bottleneck-Gitarre«, habe ihm Wenders aufgetragen, und: »Mach nicht zuviel Krach.« Der Film hat ihn verschreckt, dieses düstere Familiengeschick, in dem Wenders seine Haßliebe zu Amerika unterbrachte. Nachdem Cooder im Studio das grimmige Werk betrachtet hatte, rief er verstört in der Schule seines kleinen Sohnes an und holte das Kind nach Hause, um es bei sich zu haben.

Nach vielen Jahren ist Ry Cooder nun wieder aus seinem Gehäuse gekommen und mit einer Band unterwegs. Sie heißt Little Village (wie ihre gerade erschienene Platte) und umfaßt neben Cooder Nick Lowe, Jim Keltner und vor allem John Hiatt aus Nashville. Hiatt, 1952 geboren, großer Traditionalist, nach langen persönlichen Irrfahrten ein Prediger archaischen Familienglücks. Little Village sind die Travelling Wilburys des Country-Rock. Da stehen die vier »Dörfler« auf der viel zu großen Bühne des Ostberliner Friedrichstadt-Palastes, Hiatt singt seine gurgelnden Lebensbeichten, Cooders Belcanto-Gitarre schmilzt im »Lipstick Sunset«, und als sie endlich »Across The Borderline« spielen, nach beziehungsreicher Ansage, sind alle angejahrten Ost- und Westfans glücklich vereint. Fluchtpunkt Herz: Was vermag die Mauer im Kopf, wenn man ungeschminkt miteinander Ende Dreißig sein darf!

»Diese Musik«, sagt Cooder, »ist ein Ersatz für Leute,

denen ihre alten Rockgefühle abhanden gekommen sind. Früher hat Rock'n'Roll das Bluesgefühl ersetzt. Jetzt ist es umgekehrt.« – »Und warum Little Village?« – »Der Name stammt aus einem alten Bluesstück von Sonny Boy Williamson. Es geht darum, daß sich auch in einem kleinen Dorf das ganze komplette Leben findet.« – »Wie in Wilders ›Our Little Town?«‹ – »Ja, das ist dieselbe Idee. Aber jeder in Amerika will so gern was Großes, Altes haben. Du solltest mal sehen, wie sie in diesem Jahr das Columbus-Jubiläum feiern. Sie verteidigen ihn so sehr, den ›blauäugigen Webersohn‹, den ›Gründungsvater‹.«

John Hiatt hat sich dazugesetzt. »Weißt du«, sagt er, »für mich ist Amerika ein Land, das besiedelt wurde von einem Haufen unglücklicher Europäer, die was Besseres suchten. Das ist vielleicht die Sicht eines Schwachkopfes, aber so denke ich. Und da haben wir nun ein paar hundert Jahre Geschichte von Korruption, Verrücktheit, Landraub und Vertreibung. Und da sind wir nun. Wir sind Babies.«

Amerika ist ein Land, dessen technologische Fortschrittsgläubigkeit seltsam kontrastiert mit seinem altertümlichen Sentiment. Praxis und Gemüt, Leib und Seele scheinen so verschieden, als kennten sie einander nicht – außer im Streben nach *Größe*. Die klassische Rock-Musik ist dabei ganz auf die Seite des Sentiments gewechselt und zu Folk-Musik geworden: biographisch, linear statt postmodern, beschreibend und sich bescheidend, um anstelle der Welt wenigstens Weisheit zu retten.

Dieser Artikel hätte auch von anderen Musikern handeln können – von den Allman Brothers, von Neil Young, dem letzten Büffel des Rock'n'Roll, von Mitch Ryder, Gary Moore, Guy Clark, Townes Van Zandt, von Tom Petty, dem Dylan-Byrd, von Lou Reed, der seine gestorbenen Freunde anruft, von Jüngeren (R.E.M., Green On Red, Drivn 'n Cryin) oder von den Grateful Dead, deren Schlagzeuger Mickey Hart die Sache auf den Punkt brachte: »Es gibt keinen Grund, warum wir nicht spielen sollten, bis wir gehen müssen. Ich sterbe lieber so als biertrinkend vor dem Fernseher.«

»Da sind noch ein paar Lichter«, heißt es in Thornton Wilders »Unsere kleine Stadt«. »Unten auf dem Bahnhof hat Shorty Hawkins soeben den Zug nach Albany passieren lassen. Und in Ellery Greenoughs Pferdestall sitzt noch einer spät in der Nacht und spricht ... Da sind die Sterne – wie immer auf ihrer alten, uralten Reise kreuz und quer über den Himmel. Die Gelehrten sind sich noch nicht ganz einig, aber es wird jetzt doch angenommen, daß es dort oben keine Lebewesen gibt. Nichts als Kreide – oder Feuer. Nur dieser eine Stern müht sich ab; er müht sich die ganze Zeit ab, um etwas aus sich zu machen. Die Mühe ist so groß, daß die Menschen sich alle sechzehn Stunden niederlegen müssen, um auszuruhen.«

Leon Wilkeson, der *country boy*, trinkt sein Glas aus. »Ist ein harter Weg«, sagt er, »wirklich, das ist es.«

März 1992

Quellenverzeichnis

Paster
entstanden für dieses Buch im Frühjahr 1993

Radio Taipei
Erstveröffentlichung im FREITAG Nr. 14/1991

Die Heimreise
Erstveröffentlichung in der ZEIT Nr. 10/1993

Amboß oder Hammer sein
Erstveröffentlichung in der ZEIT Nr. 45/1991

Das Ende
Erstveröffentlichung in der ZEIT Nr. 32/1992

Die Schafe im Wolfspelz
Erstveröffentlichung in der ZEIT Nr. 8/1992

Jena führt!
Erstveröffentlichung in der ZEIT Nr. 49/1992

»... die ganzen Neger in der Stadt«
*Erstveröffentlichung in der ZEIT Nr. 29/1992
(ausgezeichnet mit einem internationalen
Publizistik-Preis in Klagenfurt)*

Mit Todesfolge
Erstveröffentlichung in der ZEIT Nr. 39/1992

Ali Baba und die Mörder
Erstveröffentlichung in der ZEIT Nr. 1/1993

Don Quichotte und die Windmüller
*Erstveröffentlichung in der ZEIT Nr. 33/1992
(ausgezeichnet mit einem internationalen
Publizistik-Preis in Klagenfurt)*

Am Ende einer Posse
Erstveröffentlichung in der ZEIT Nr. 4/1993

Münchhausen auf dem Karussell
Erstveröffentlichung in der ZEIT Nr. 45/1992
(ausgezeichnet mit dem Theodor-Wolff-Preis)

Der Pyromane
Erstveröffentlichung in der ZEIT Nr. 42/1992

Ich – kein Umstürzler?
Erstveröffentlichung in der ZEIT Nr. 19/1992

Niemandsland und seine Geister
Erstveröffentlichung in der ZEIT Nr. 3/1993

Väterchens Mondfahrt
Erstveröffentlichung in der ZEIT Nr. 4/1993

Abendlicht
Erstveröffentlichung in der ZEIT Nr. 9/1993

Lausitzer Passion oder Geil auf Horno
Erstveröffentlichung in der ZEIT Nr. 16/1993

Springsteens Party
entstanden für dieses Buch im April 1993

Das satte Herz
Erstveröffentlichung in der ZEIT Nr. 28/1992

Das brennende Licht
Erstveröffentlichung in der ZEIT Nr. 24/1992

Orpheus steigt herab
Erstveröffentlichung in der ZEIT Nr. 47/1992

Heute leben, morgen sterben
Erstveröffentlichung in der ZEIT Nr. 25/1992

Die Überlebenden
Erstveröffentlichung in der ZEIT Nr. 14/1992

Christoph Dieckmann

Oh! Great! Wonderful!
Anfänger in Amerika

Ch.Links

134 Seiten,
20 Farb- und 40 Schwarzweißfotos, 1 Karte
ISBN 3-86153-032-5, 29,80 DM

Nach dem Debüt »My Generation«, das von den Kritikern als das Buch zum Land DDR gefeiert wurde, könnte Christoph Dieckmanns zweites Werk das Buch zum Land USA werden.

Björn Wirth, »Berliner Zeitung«

Als gelungene Verschmelzung von empfindsamen Reisebericht, psychologischer Ethnographie und kritischer Reportage ist »Oh! Great! Wonderful!« ein brilliant formulierter und vergnüglich zu lesender Beitrag zur Amerikanistik der Gegenwart.

Ulrich Klenner, Bayerischer Rundfunk

Die unantastbaren Überzeugungen vieler Amerikaner unterhalb der äußeren Oberflächlichkeit reflektiert Dieckmann spannend und eigenwillig. Er schraffiert Themen und Orte so, daß ihm letztlich immer wieder ein Satz genügt, der so ganz nach dem Geschmack von Neil Young wäre: »Es steckt mehr in dem Bild, als deine Augen sehen.«

Ralph Stolle, »Junge Welt«

Dieckmann ist nicht der Versuchung erlegen, die ihm auf silbernen Tabletts kredenzten Versatzstücke zu einem Puzzle namens Amerika zu fügen. Er verfügt über Distanz, er zieht Parallelen.
Sein Buch ist eine ideale Balancierstange für alle Amerika-Entdecker.

Rainer Bratfisch, »Die Weltbühne«